来│华│短│期│汉│语│进│修│教│材

速通汉语

Expressway to Chinese

吴中伟 许金生 胡文华 主编
刘海霞 编著

高级

3

北京语言大学出版社
BEIJING LANGUAGE AND CULTURE
UNIVERSITY PRESS

© 2020 北京语言大学出版社，社图号 20110

图书在版编目（CIP）数据

速通汉语：高级．3／吴中伟，许金生，胡文华主编；刘海霞编著．－－北京：北京语言大学出版社，2020.8

ISBN 978-7-5619-5717-2

Ⅰ.①速… Ⅱ.①吴… ②许… ③胡… ④刘… Ⅲ.①汉语－对外汉语教学－教材 Ⅳ.① H195.4

中国版本图书馆 CIP 数据核字（2020）第 138755 号

速通汉语 高级3
SUTONG HANYU GAOJI 3

排版制作：	北京创艺涵文化发展有限公司		
责任编辑：	张维嘉　方兴龙	英文翻译：	刘海霞
英文编辑：	侯晓娟		
责任印制：	周　燚		

出版发行：	北京语言大学出版社
社　　址：	北京市海淀区学院路 15 号，100083
网　　址：	www.blcup.com
电子信箱：	service@blcup.com
电　　话：	编辑部　8610-82303647/3592/3395
	国内发行　8610-82303650/3591/3648
	海外发行　8610-82303365/3080/3668
	北语书店　8610-82303653
	网购咨询　8610-82303908
印　　刷：	天津嘉恒印务有限公司

版　次：	2020 年 8 月第 1 版	印　次：	2020 年 8 月第 1 次印刷
开　本：	880 毫米 × 1230 毫米　1/16	印　张：	8.75
字　数：	126 千字		
定　价：	48.00 元		

PRINTED IN CHINA

编写说明

汉语进修教学，可分为强化型和普及型两种，本教材为普及型汉语进修教材。本教材主要面向来华短期进修教学项目，也适用于国内外其他各类普及型汉语进修教学项目。教材的初、中、高三级既相互衔接，又具有一定的独立性，可根据需要单独使用；学习者可从头学起，也可以从其中某一册学起。

普及型短期进修教学的主要特点是：教学周期相对较短，学习者课外学习时间有限，学习者的学习动机和学习需求差异较大。本教材遵循汉语作为第二语言教学的教材编写基本原则以及汉语教材编写的发展趋势，针对普及型短期进修教学的上述特点，在编写中着力体现以下特点：

1. 以任务为载体，兼顾结构、功能、文化

结构、功能、文化相结合，是汉语作为第二语言教学遵循的基本原则。结构、功能、文化相结合的载体，就是任务，即交际活动。本教材按照从输入型任务到输出型任务的顺序，通过任务活动促进语言的输入和输出，完成相应的教学目标。

在语言点的安排上，本教材尽量照顾到语法结构教学的系统性。在语境设计上，注意贴近学习者生活，突出实用性。在内容主题的选择上，密切反映中国当代社会特点，体现时代气息。在文化因素的处理上，兼顾世界文化的共通性和中国传统文化的独特性。

2. 听说为主，精泛结合

总的来说，本教材属于综合教材，以提高学习者的汉语综合运用能力为目标。但考虑到短期进修教学的特点，在技能培养上以听说为主，兼顾读写。初级阶段1～4册的所有教学内容，均为汉字和拼音对照形式，以适应部分学习者技能发展不平衡的情况，以及不同学习者对技能发展的不同需求。使用者可根据实际情况对读写技能的培养确定相应的教学目标。

在中高级阶段，本教材在设计上体现精泛结合的理念，特别是高级阶段，对于聆听和阅读任务中的词语和结构，不要求全部掌握，为学习者的自主学习留出足够空间；同时，在完成理解性和表达性任务过程中，注意学习策略的培养。

3. 注重课堂教学的操作性

教材编写的过程化，是教材编写的发展趋势。所谓过程化，就是通过练习和活动设计逐步推进教学目标的实现，使教材的内部结构与实际课堂教学的过程基本一致，这样有助于更好地实现教材的设计理念和设计目标，也减轻了教师在教学设计上的压力。当

然，学习者的特点千差万别，有经验的教师完全可以根据具体情况对教材中的设计安排进行灵活调整。

4. 在难度和容量上保持足够的适用空间

短期进修教学，教学周期相对较短，或为1～2周，或为1～2个月；另外，中国国内各大学的短期班一般是每天用3～4课时完成1课的教学任务。因此，我们把每册容量定为10课。如果每天1课，每周5天，则每册可供2周学完。每课主要内容的设计课时为3课时，但每课均配有"延伸活动（或拓展练习）"，可供第4课时使用。这样的设计，便于不同教学周期、不同课时量的教学项目灵活选用。

另外，本教材虽然跨越初、中、高三个等级，但限于容量，不可能出齐各级全部词汇和语言点，为了保证与各册总体难度等级相适应，初级阶段该出而未出的部分词语和个别语言点，在中级阶段不再作为生词和新的语言点处理，高级阶段则根据精泛结合的原则，仅对本阶段重点词语、重点格式进行处理。

本教材共12册。难度上与HSK等级的大致对应关系为（容量上不完全覆盖各级内容）：

本教材	初级	中级	高级
	1～4册	1～4册	1～4册
HSK相应水平	1～3级	4级	5级

教材由三位主编合作主持编写工作，具体分工如下：

许金生，负责初级1～4册；

胡文华，负责中级1～4册；

吴中伟，负责高级1～4册。

本教材出版前已在复旦大学国际文化交流学院暑期班试用，并根据试用反馈进行了修改，但肯定还存在许多疏漏、不足之处，敬请各位同行、老师批评指正！

编者

2019年3月

本册使用说明

《速通汉语 高级》共4册，本书为第一册除本套教材总体特点以外，作为高级阶段用书，建议教师特别关注以下几个方面：

1. 注重形式与内容的有机结合

高级阶段的教学，在话题内容上有一定的专门化倾向，要有一定的深度。我们尽量选择比较稳定的、具有普适性和可讨论性的话题，同时在活动或任务中让学生自己找资料或开展小型调研，联系当前、当地具体情况，搜集材料，发表观点，展开讨论。同时，每个话题的背后都有隐性的语言教学目标，并通过练习来引导学生有意识地关注相关语言点。

建议在教学过程中坚持以内容为中心，同时适度关注语言形式，在以内容为中心的教学过程中实现学习者的汉语综合运用能力的发展。

2. 培养学生的自主学习能力

尽管使用本册的学习者具有大致相同的汉语水平，但是在具体的学习点上是各不相同的。因此，本书每课后面均设有学习反思活动，让学生自觉地监控自己的学习过程，各取所需，各有所获。

建议教师在使用本教材时根据学生的具体情况调整教学目标和要求，并注意引导学生的学习策略，培养学生的自主学习能力。

3. 注意"质"与"量"的平衡、"精"与"泛"的结合

学习者的二语发展，是在大量、反复接触和运用语言的过程中逐步完善的，而不是以高度准确性为前提的简单的累积过程。本书不是一本精读教材。本书不设立传统意义上的"词语表"，仅提供"关键词语"；不设立传统意义上的"语言点"讲解，而是在活动环节设计中有意识地关注本课重点词语和结构的运用；对于语料，重视语言表达的自然度，在此前提下，尽量保证语言难度的合适性和教学点的复现度及凸显度。

本书的听力和阅读材料都具有一定的泛听和泛读性质，教师在使用过程中不必要求学生百分之百理解，更不必要求对其中的词语和结构百分之百掌握，对于涉及的重点词语和结构，不必详细讲解其用法，适当"提点"即可。

教师可结合语言教学，适当训练学生理解和表达的相关微技能。

4. 通过输出性活动驱动语言学习

高级阶段教材的输入材料，在相当程度上是发挥激发和驱动表达的作用，并为表达提供一定的基础。但学习者在表达的时候一旦发生障碍，课文/语料本身并不一定

都能提供充分的支持。这时候，需要学习者的主动学习（如查词典）以及教师的针对性帮助，这样才能实现通过输出促进习得的目的。

建议教师在学习者的表达性活动中适度关注语言表达的准确度、流利度和复杂度，尽量为学生提供充分的相关表达方式，以满足学生个性化、创造性表达中的语言需求。另外，可以把语言教学和批判性阅读结合起来，不断推进话题的深化和语言表达能力的提升。

5. 兼顾四项技能，体现语体风格差异

本教材旨在培养学生听、说、读、写各项技能，但在教材设计上不是将听、说、读、写通过"课文""毕其功于一役"，而是采取"听—读—说"不同活动逐步推进的方式。同时，根据特定语境和话题内容，以及由此限定的语言正式度的差异，呈现得体的表达方式。

在表达能力的培养方面，高级阶段可以采取"以写促说"的教学策略，让学生先写后说，通过"写"提高语言表达的正式度、复杂度和规范性。因此，在教材的口头表达任务中，我们要求学生先用参考词语和格式写一个提纲，然后再说。

考虑本教材主要面向短期教学项目，因此我们对"写"没有较高要求。在使用中教师可根据实际情况进行调整。

本书所用语料，大多基于网上材料进行大幅度改写，或者综合多方面材料后重写。作为语言教材，编者对语料中的观点不持立场，甚至为了激发讨论，同一课中的几篇语料在观点上本来就是不一致的，编者对语料内容的真实性也不做核实，文中涉及的一些人名、公司名，大多是虚拟的。特此说明。

本册每课可用3～4课时完成，其中"拓展练习"部分约需1课时，为可选部分。"拓展练习"中出现过的"关键词语"，如果在后续课文中出现，如有必要，仍列入"关键词语"。

编　者

语法术语缩略形式表
Abbreviations of Grammar Terms

缩略形式 Abbreviation	英文翻译 English	中文名称 Chinese
A	Adjective	形容词
Adv	Adverb	副词
Conj	Conjunction	连词
M	Measure Word	量词
N	Noun	名词
NP	Noun Phrase	名词词组
Nu	Numeral	数词
O	Object	宾语
PN	Proper Noun	专有名词
Pre	Prefix	前缀
Prep	Preposition	介词
Pron	Pronoun	代词
Pt	Particle	助词
Q	Quantifier	数量词
S	Subject	主语
Suf	Suffix	后缀
V	Verb	动词
VP	Verb Phrase	动词词组

目 录

第一课	无现金生活方式	1
第二课	健康管理	11
第三课	大学生就业	21
第四课	心灵鸡汤	31
第五课	中国制造	42
第六课	中国人的婚姻观	53
第七课	健身正当时	64
第八课	奋斗在大城市的年轻人	74
第九课	老龄化社会	84
第十课	城镇化、城市化、国际化	95
生词表		105
录音文本		111

第一课

 无现金生活方式

一、热身

1. 在你的国家，你常用现金买东西吗？在中国呢？
2. 你使用过移动支付吗？
3. 你认为移动支付有什么优点和缺点？

二、听力

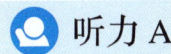 听力 A   01-1

> 关键词语

1.	研发	yánfā	V	to research and develop
2.	普及	pǔjí	V	to popularize
3.	预测	yùcè	V	to forecast
4.	电子商务	diànzǐ shāngwù		e-commerce
5.	推动	tuī dòng	VC	to promote
6.	平台	píngtái	N	platform
7.	主导	zhǔdǎo	V	to lead, to dominate

1 听第一遍录音，判断正误。

（1）（　　）10年前，移动支付在中国已经非常普及了。

（2）（　　）目前，中国的移动支付使用比例为18%。

（3）（　　）中国人不太接受移动支付技术。

1

（4）（　　）阿里巴巴和腾讯是两家互联网公司。

2 听第二遍录音，填空。

（1）虽然世界各地都在研发移动支付技术，但任何国家的移动支付都_____ _____中国这样普及。

（2）据预测，到2021年，中国电子商务市场的规模将_____11%，达到1.55万亿美元，稳居全球之_____。

（3）移动支付_____在中国发展得如此之快，_____它背后有巨大的消费者群体支持。

（4）因为_____能建立最大的平台，_____就能主导未来的行业发展。

3 听第三遍录音，回答问题。

（1）10多年前，中国人主要用哪种方式消费？

（2）为什么移动支付在中国发展得很快？

（3）在中国，哪两家公司推动了移动支付的发展？

听力 B　01-2

关键词语

1.	支付宝	zhīfùbǎo	Alipay
2.	微信	wēixìn	WeChat
3.	体验	tǐyàn	V　to experience
4.	利息	lìxī	N　interest (finance)
5.	不甘落后	bùgān luòhòu	unwilling to lag behind
6.	优势	yōushì	N　advantage
7.	份额	fèn'é	N　share

1 听第一遍录音，判断正误。

（1）（   ）支付宝跟传统的银行业务完全没关系。

（2）（   ）阿里巴巴最重要的竞争对手是腾讯。

（3）（   ）支付宝的市场份额比微信支付少。

（4）（   ）移动支付也叫手机支付。

2 听第二遍录音，填空。

（1）支付宝以及微信支付的出现＿＿＿＿提升了我们的消费体验。

（2）＿＿＿＿移动支付系统＿＿＿＿拥有超过7.6亿用户的微信＿＿＿＿起来。

（3）支付宝和微信都＿＿＿＿智能手机完成支付，所以移动支付一般也被＿＿＿＿手机支付。

3 听第三遍录音，回答问题。

（1）说话人认为什么的出现提升了我们的消费体验？

（2）微信支付的优势是什么？

（3）我们可以通过智能手机完成哪些支付？

三、阅读

阅读A

关键词语

1.	网游	wǎngyóu	N	online game
2.	累计	lěijì	V	to add up
3.	谨慎	jǐnshèn	A	cautious
4.	实体店	shítǐdiàn	N	physical store
5.	辨别	biànbié	V	to distinguish
6.	防备	fángbèi	V	to take precautions against

如何应对孩子的网络消费

"30天内在网游中累计消费300元,家长将收到通知。"最近,上海一家游戏公司推出的一项消费提醒服务,让未成年人的网络消费问题再次受到关注。在移动支付如此发达的今天,孩子在网购或者网络游戏上花钱的现象已经非常普遍。那么家长都是如何应对的呢?

我们采访了小文的妈妈张女士,她认为对于孩子的网络消费要谨慎对待,该管的地方就要管。她女儿小文暑假后上五年级,张女士说她从来都没给孩子的手机打过钱,也不允许孩子用父母的手机在网上花钱,尤其是不准网购。如果孩子想要买什么东西,她会带孩子到实体店去挑,或者由她在网上代买。

至于什么时候会放开孩子的网络消费,张女士表示还没有完全想好。"到了高中应该可以,初中可能看情况,小学阶段肯定不行。"

有张女士这样想法的人,在受采访的家长中占了绝大多数。绝大部分家长都认为,网络消费感觉上是一些数字的变化,没有真实感,孩子很难对花了多少钱有明确的概念,而且购物网站信息量太大,孩子很难辨别好坏。家长们之所以对孩子网购如此防备,还是对孩子的自控力没信心。

1 快速阅读上面的短文,根据短文内容选择正确答案。

(1) 未成年人30天内在网游中累计消费300元,他的家长将收到什么?

　　A 学校的活动提醒　　B 游戏公司的消费提醒　　C 网吧老板的提醒

(2) 在移动支付如此发达的今天,孩子在网购或者网络游戏上花钱的现象已经_____。

　　A 非常普遍　　　　B 很少见　　　　C 消失了

(3) 张女士对她孩子网络消费的态度是什么样的?

　　A 谨慎　　　　　　B 放开　　　　　C 无所谓

(4) 短文中谈的是_____的网络消费问题。

　　A 家庭女性　　　　B 家长们　　　　C 未成年人

2 再读一遍短文,根据短文内容填空。

(1) 张女士说她从来都没给孩子的手机打过钱,也不允许孩子用父母的手机在网上花钱，_____不准网购。

（2）绝大部分家长都认为，网络消费_____是一些数字的变化，没有真实感，孩子很难对花了多少钱有明确的概念。

（3）家长们_____对孩子网购如此防备，_____对孩子的自控力没信心。

3 根据短文内容，用括号内的词语或格式回答问题。

（1）绝大部分家长认为，网络消费给人的感觉是什么样的？（感觉上）

（2）为什么家长对孩子网购很防备？（对……没有信心）

阅读 B

关键词语

1.	随着	suízhe	Prep	with, in the wake of
2.	淡出	dànchū	V	to fade out
3.	视线	shìxiàn	N	sight
4.	快捷	kuàijié	A	rapid
5.	扫描	sǎomiáo	V	to scan
6.	付款码	fùkuǎnmǎ	N	payment code
7.	奴隶	núlì	N	slave
8.	根源	gēnyuán	N	source

移动支付的好处和坏处

近几年，随着支付宝、微信支付等移动支付的快速发展，大家出门经常都是一部智能手机就够了，钱包已经慢慢淡出了人们的生活视线。

人们为什么那么喜欢使用移动支付呢？

移动支付最直观的好处就是方便快捷，付钱时只需要扫一下，输入金额就可以了，在一些大型的商店，甚至只需要让收银员扫描一下自己的付款码就可以直接付款。现金支付还面临找零钱、真假钞等问题，不仅不方便，更增加了人工成本，占用时间。

另外，相信大家都经历过丢钱的事情吧，移动支付就可以完美地解决这个问题。现在，人们在休闲或者外出时基本上是"机不离手"，除非手机被偷，否则自己的财产一般来说是安全的。

虽然移动支付的好处很多，但是问题也不少，比如说现在的"月光族""卡奴"越来越多。"月光族"每到月底，钱就花光了；"卡奴"是指有些人过度消费，不得不向银行借钱，好像银行卡的奴隶一样，整天为银行打工。人们只需要轻轻地扫一下，就可以获得自己想要的物品，没有把钱给别人的那种感觉，根本感觉不到自己在花钱，也不会心疼，这可能就是问题的根源吧，更别说信用卡花的还是未来的钱了。

1 快速阅读上面的短文，根据短文内容选择正确答案。

（1）近几年，随着支付宝、微信支付等移动支付的快速发展，大家出门经常都是_____就够了。

　　A 一个钱包　　　　B 一张银行卡　　　C 一部智能手机

（2）下面哪项不是现金支付的问题？

　　A 需要找零　　　　B 会有假钞　　　　C 快捷方便

（3）下面哪项不是移动支付的特点？

　　A 不用找零　　　　B 不会有假钞　　　C 容易被偷

（4）移动支付容易让人_____。

　　A 上当受骗　　　　B 成为"卡奴"　　　C 减少消费

2 再读一遍短文，根据短文内容填空。

（1）大家出门经常都是一部智能手机就够了，钱包已经慢慢_____了人们的生活视线。

（2）现金支付还面临找零钱、真假钞等问题，_____不方便，_____增加了人工成本，占用时间。

（3）"_____"是指有些人过度消费，不得不向银行借钱，好像银行卡的奴隶一样，_____为银行打工。

3 根据短文内容，用括号内的词语或格式回答问题。

（1）现金支付有什么缺点？（不仅……更……）

（2）"卡奴"指的是什么样的人？（为……打工）

（3）为什么移动支付容易产生"卡奴"和"月光族"？（心疼，根源）

四、表达活动

1. 3～5人一组，交流一下各自对移动支付的看法，谈谈它的优缺点。

（1）先把你的看法写在一张纸上，你可以选用下面括号内的词语。

（快捷　根源　实体店　感觉　普及　体验　谨慎）

（2）在小组里互相交流移动支付的优缺点。

2. 互相介绍一下在自己国家或在中国使用移动支付的感受。

五、拓展练习

 1. 听力   01-3

▲ 关键词语

1.	定居	dìng jū	VO	to settle down
2.	示范	shìfàn	V	to set an example
3.	二维码	èrwéimǎ	N	QR code
4.	异常	yìcháng	Adv	unusually
5.	急剧	jíjù	A	sharp, dramatic
6.	惊讶	jīngyà	A	surprised

1 听第一遍录音，判断正误。

（1）（　　）"我"离开中国10多年了。

（2）（　　）中国的共享单车必须归还到指定位置。

（3）（　）在中国，所有的事情都可以通过手机解决。

（4）（　）现在，中国人出门都不带钱。

2 听第二遍录音，填空。

（1）中国GPS定位的共享单车却可以随时_____随时_____。

（2）朋友告诉我，在上海出门已经不需要带现金，只要带_____就可以了，连在菜场买菜都可以用微信和支付宝。

（3）中国移动支付的发展速度超出了人们的预期，已经走在全球_____。

（4）中国正在从现金使用最多的国家之一，跨越式地转变为_____国家。

3 听第三遍录音，回答问题。

（1）中国的共享单车有什么特点？

（2）为什么去菜场买菜不用带现金？

（3）目前，中国的移动支付属于什么水平？

（4）中国在现金使用方面发生了什么变化？

2. 阅读

关键词语

1.	杂货店	záhuòdiàn	N	grocery store, variety store
2.	跳跃	tiàoyuè	V	to leap
3.	迅速	xùnsù	A	rapid
4.	占据	zhànjù	V	to occupy, to take up
5.	签约	qiān yuē	VO	to sign a contract
6.	赢得	yíngdé	V	to win, to gain
7.	先锋	xiānfēng	N	pioneer

你有多久没用现金了？

朴建峰是一个"80后"，他说他现在很少带钱包，而且已经2年没有在ATM

机上取过现金了。他的手机就是他的钱包，他用手机就能支付几乎所有日常生活消费，从打车、水电煤气交费到在杂货店购物。朴建峰的支付习惯表明，在中国，技术正改变着人们的支付习惯。10多年前，中国仅有700万人有信用卡，几乎所有交易都用现金完成，但现在，通过移动设备购物的人越来越多了。

相关报告显示，2015年，有3.58亿中国人曾使用移动设备进行支付，比2014年增长了将近2/3。正如很多中国人直接从个人计算机跳跃至智能手机，他们的支付习惯也发生了类似的跳跃。

在迅速发展的移动支付市场中，200多家公司在展开竞争。阿里巴巴集团的支付宝占据主导地位，占2015年总交易额的73%；腾讯公司的产品——微信支付排在第二，约占13%。

分析人士估计，2015年，中国人使用移动设备进行支付和转账的总额达16.4万亿元人民币，约为2014年的2倍，2013年的12倍多。报道称，阿里巴巴和腾讯在这方面起到了极大的推动作用，它们的支付系统不但与网上购物、外卖、叫车、通信等网上服务软件相连接，还与数以百万计的传统商店签约，从餐馆、夫妻店到超市，都可以使用这些支付系统。

移动支付最令人担心的是安全问题，但是这些互联网大公司通过制定足够安全的规则，赢得了某种程度的信任。报道称，所有这些有利因素加在一起，使中国成了移动支付领域的先锋。

1 快速阅读上面的短文，根据短文内容选择正确答案。

（1）朴建峰已经＿＿＿＿没有在ATM机上取过现金了。

　　　A 1个月　　　　　B 1年　　　　　C 2年

（2）朴建峰用＿＿＿＿就能支付几乎所有日常生活消费。

　　　A 手机　　　　　B 信用卡　　　　C 现金

（3）现在的移动支付市场中，占主导地位的公司是＿＿＿＿。

　　　A 腾讯　　　　　B 阿里巴巴　　　C 华为

（4）2015年，中国人使用移动设备进行支付和转账的总额是2014年的＿＿＿＿。

　　　A 2倍　　　　　B 3倍　　　　　C 12倍

2 再读一遍短文，根据短文内容填空。

（1）朴建峰用手机就能支付几乎所有日常生活消费，从_____、水电煤气_____到在杂货店_____。

（2）10多年前，中国仅有700万人有信用卡，几乎所有交易都用_____完成。

（3）它们的支付系统不但与网上购物、外卖、叫车、通信等网上服务软件相连接，还与数以百万计的_____签约。

3 根据短文内容，用括号内的词语或格式回答问题。

（1）朴建峰在哪些地方会用到手机支付？（从……到……）

（2）支付宝、微信支付等支付方式只能在网络购物时使用吗？为什么？（传统，签约）

六、语言实践

去附近的商业街做个调查，看看中国人使用移动支付的情况，并了解他们对移动支付潜在风险的认识。

七、聚宝盆 （写下这一课新学会的词语和句子）

第二课

健康管理

一、热身

1. 你觉得哪些生活习惯是对身体有好处的？哪些生活习惯对身体没好处？
2. 在你的国家，有哪些有益于健康的传统生活习惯？

二、听力

听力A  02-1

关键词语

1.	腰围	yāowéi	N	waistline
2.	早亡	zǎo wáng		to die early
3.	风险	fēngxiǎn	N	risk
4.	导致	dǎozhì	V	to result in
5.	鼓励	gǔlì	V	to encourage
6.	拥堵	yōngdǔ	V	to be congested

1　听第一遍录音，判断正误。

（1）（　）每天开车超过15分钟的人，体重平均增加2.3公斤。

（2）（　）每天开车超过1个小时的人，会有早亡的风险。

（3）（　）超过50%的澳大利亚人开车上班。

（4）（　）多乘公交少开车主要是为了减少空气污染。

11

2 听第二遍录音，填空。

（1）与每天开车15分钟以下者相比，每天开车_____1个小时的人体重平均增加2.3公斤。

（2）澳大利亚国家统计局数据显示，_____的澳大利亚人开车上班。

（3）长时间开车对健康造成的危害等同于_____的生活方式对人的影响。

（4）应鼓励人们_____乘公交_____开车，这不仅是为了减少交通拥堵和空气污染，更多的是考虑到开车对人体健康的影响。

3 听第三遍录音，回答问题。

（1）每天开车多长时间的人体重可能会上升？

（2）有多少澳大利亚人开车上班？

（3）说话人认为长时间开车的危害等同于什么样的生活方式对人的影响？

（4）说话人认为多乘公交少开车的建议更多的是为了什么？

听力B 02-2

关键词语

1.	神奇	shénqí	A	magic, miraculous
2.	自愈	zì yù		self-healing
3.	管家	guǎnjiā	N	steward, manager
4.	激发	jīfā	V	to motivate
5.	骨折	gǔzhé	V	(of a bone) to fracture
6.	遗憾	yíhàn	A	regrettable

1 听第一遍录音，判断正误。

（1）（　　）有时，当你得了普通的感冒，即使不吃药，一两周后也能恢复健康。

（2）（　　）自愈力是成年人才有的能力。

（3）（　　）当我们找医生看病的时候，自愈力就没用了。

（4）（　　）人体的自愈力能治好所有的疾病。

2　听第二遍录音，填空。

（1）那么，是什么让疾病_____呢？据专家介绍，我们体内有一种神奇的力量，叫作"自愈力"。

（2）_____一定程度上_____，医生治病也是通过药物来激发人的自愈力。

（3）德国一项研究表明，人体自身有能力治好_____的不适和疾病。

（4）但遗憾的是，现代人却没把它当回事，一生病就_____依靠药物，自愈力反而越来越弱。

3　听第三遍录音，回答问题。

（1）"自愈力"是什么？

（2）医生给我们治病的时候，自愈力还有用吗？

（3）人体的自愈力能治好所有的病吗？

（4）为什么现代人的自愈力越来越弱？

三、阅读

阅读A

关键词语

1.	发布	fābù	V	to release, to issue
2.	暴露	bàolù	V	to expose
3.	普遍	pǔbiàn	A	general, common
4.	不足	bùzú	A&V	insufficient; to be short of
5.	玩耍	wánshuǎ	V	to play
6.	娱乐	yúlè	V	to take part in recreational activities

中国青少年健康问题

2016年10月,中国青少年研究中心发布了《从"90后"到"00后":中国少年儿童发展状况调查报告》,暴露出我国青少年普遍存在的健康问题。第一,运动量普遍不足。调查显示,在受调查的"00后"和"90后"中,课余时间喜欢运动玩耍的分别占34.2%和32.0%,在最受欢迎的休闲活动中,运动玩耍只排在第6位,在看手机、听音乐、看电视等视听娱乐活动之后。第二,睡眠时间越来越少。"00后"学习日睡眠时间不足9小时的比例高达57.0%,比"90后"高6.2%;即使是休息日,也有34.5%的"00后"睡眠不足9小时,比"90后"高1.7%。中国青少年在饮食、运动、心理等方面的健康水平仍有待提高。

1 快速阅读上面的短文,根据短文内容选择正确答案。

(1) 短文中提到的调查报告,调查对象包括下面哪个年龄段?

　　A 十五六岁　　　　B 三十岁　　　　C 五六十岁

(2) 在受调查的"00后"和"90后"中,课余时间喜欢运动玩耍的均约占多大比例?

　　A 十分之一　　　　B 三分之一　　　　C 二分之一

(3) 在学习日,"00后"的睡眠时间怎么样?

　　A 大多数比"90后"少

　　B 比"90后"多

　　C 和"90后"差不多

2 再读一遍短文,根据短文内容填空。

(1) 2016年10月,中国青少年研究中心发布了《从"90后"到"00后":中国少年儿童发展状况调查报告》,暴露出我国青少年普遍存在的_____。

(2) 在最受欢迎的休闲活动中,运动玩耍只排在第_____位,在看手机、听音乐、看电视等视听娱乐活动_____。

(3) 中国青少年在饮食、_____、心理等方面的健康水平仍有待提高。

3　根据短文内容，用括号内的词语或格式回答问题。

（1）短文中的调查报告反映了中国青少年的什么问题？（暴露出）

（2）这些问题具体有哪些？（第一、第二）

（3）调查报告的作者认为应该关注中国青少年的哪些方面？（在……方面有待提高）

阅读B

关键词语

1.	不亚于	bú yà yú		no less than
2.	揭晓	jiēxiǎo	V	to announce, to make known
3.	恶习	èxí	N	bad habit
4.	缺乏	quēfá	V	to lack
5.	日光浴	rìguāngyù	V	(to take a) sunbath
6.	有助于	yǒu zhù yú		to be conducive to
7.	充足	chōngzú	A	sufficient

你有这些不良习惯吗？

吸烟的危害大家都知道，可以说吸烟是健康的第一杀手。但即使你不吸烟，生活中某些不良习惯造成的危害也不亚于吸烟。现在给大家揭晓这几大恶习分别是什么。

1.一坐一整天

长时间坐办公室或坐车会带来多种疾病，即使经常锻炼也无法减轻久坐的危害。据研究，美国每年有近16万例癌症与缺乏运动有关。专家建议，工作中应养成定时起身走动的习惯，在家中也应该多活动身体。

2.肉食吃太多

美国一项新研究发现，中年时大量吃肉的人群日后癌症死亡率比同龄人高4倍，但大量吃肉对于65岁以上的人就不会有什么伤害。专家建议以豆类等植物食材取代部分肉类食材。

3. 做菜时油温太高

有多项研究表明，食用油在高温的作用下会释放出有害物质。如果烧菜做饭的人长期大量地吸入这种物质就容易患肺癌，因此做菜时应避免油温太高。

4. 室内日光浴

美国每年因晒室内日光浴导致皮肤癌的有42万例，而吸烟导致肺癌的仅有22.6万例。专家建议多吃胡萝卜和西红柿，这样有助于保持皮肤自然美丽。

5. 长期缺觉

长期睡眠不足容易导致高血压、心脏病、中风、肥胖以及其他健康问题。研究发现，每晚睡眠不足7小时会导致死亡风险上升。保证每天7到8小时的充足睡眠对健康非常重要。

本文改编自《生命时报》2016年4月25日文章《比吸烟还坏的6个习惯，你可能还中了不止一枪》

1 快速阅读上面的短文，根据短文内容选择正确答案。

（1）下列哪项不是短文中提到的不良习惯？

A 坐一天　　　　B 经常吃肉　　　　C 少晒室内日光浴

（2）根据专家的建议，下列哪种食物可以替代部分肉类？

A 青菜　　　　　B 大豆　　　　　　C 西红柿

（3）保证每天＿＿＿＿小时的充足睡眠对健康非常重要。

A 6到7　　　　　B 9到10　　　　　C 7到8

2 再读一遍短文，根据短文内容填空。

（1）即使经常锻炼也无法＿＿＿＿久坐的危害。

（2）据研究，美国每年有近＿＿＿＿例癌症与缺乏运动有关。

（3）专家建议多吃胡萝卜和西红柿，这样有助于保持＿＿＿＿自然美丽。

3 根据短文内容，用括号内的词语或格式回答问题。

（1）短文中提到的某些不良习惯造成的危害和吸烟相比怎么样？（不亚于）

（2）经常锻炼能够减轻久坐的危害吗？（即使……也……）

（3）专家建议多吃胡萝卜和西红柿，这样有什么好处？（有助于）

四、表达活动

3～5人一组，谈谈哪些生活习惯对健康不利，交流一下对"健康生活"的建议。

（1）先把你的看法写在一张纸上，你可以选用下面括号内的词语。

（危害　与……有关　有助于　导致　建议　惹祸　养成……习惯）

（2）在小组里互相交流各自的看法。

（3）每个小组派一个代表向全班汇报小组的交流情况。

五、拓展练习

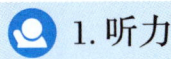 

关键词语

1.	维生素	wéishēngsù	N	vitamin
2.	矿物质	kuàngwùzhì	N	minerals
3.	承受	chéngshòu	V	to bear, to endure
4.	情绪	qíngxù	N	emotion
5.	显著	xiǎnzhù	A	significant

1 听第一遍录音，判断正误。

（1）（　　）调查显示：喜欢吃蔬菜的人往往觉得自己压力比较大。

（2）（　　）这项调查是由悉尼大学的科研人员进行的。

（3）（　　）被调查的人都在45岁以上。

（4）（　　）调查发现，食用蔬菜和水果越多越好。

2 听第二遍录音，填空。

（1）悉尼大学的研究人员对_____名45岁以上的澳大利亚人做了一些调查。

（2）这项研究是在两个时间段内进行的，分别是＿＿＿＿年以及＿＿＿＿＿年。

（3）我们发现水果和蔬菜对＿＿＿＿＿的保护作用比对＿＿＿＿＿更强。

3 听第三遍录音，回答问题。

（1）悉尼大学的研究人员对多少名澳大利亚人进行了调查？

（2）该项调查分别是在哪两个时间段内进行的？

（3）水果和蔬菜对哪种性别的人的保护作用更强？

2. 阅读

关键词语

1.	互动性	hùdòngxìng	N	interactivity
2.	刺激	cìjī	V	to stimulate
3.	受益	shòuyì	V	to benefit (from)
4.	咽下	yànxià		to swallow
5.	饥饿	jī'è	A	hungry
6.	焦虑症	jiāolǜzhèng		anxiety disorder
7.	证实	zhèngshí	V	to verify

学一学各国的健康经

澳大利亚

一般的体育比赛都追求更快、更高、更强，但在澳大利亚人看来，让身体负担太重的运动，并不是健康首选。他们的健康观念是：应通过看上去简单的、互动性强的活动，如游戏、唱歌等，来刺激身体和大脑同时受益。

法国

在快节奏的生活下，很多人习惯了边走边吃。可在法国，却有这样一种说法：享受你的食物，不要匆忙咽下。研究发现，吃东西时将全部注意力放在食物上，可以更好地控制饥饿感，保持身材。

冰岛

在冰岛，你很难找到一个没有公共游泳池的城镇。游泳是一种良好的全身运动，但冰岛人喜好游泳的原因还不仅仅是这个。对冰岛人来说，游泳不只是一种运动，也是一种很棒的社交方式。在冰岛，游泳有了一种新的含义，即游泳"让我们在一起"。

日本

在日本，泡温泉跟平日刷牙没什么不同，是非常简单和普通的一件事。泡温泉不仅有益于身体健康，而且还能治疗焦虑症，甚至比吃药效果更好。

英国

英国人对于在家吃饭的热情，远远高于去饭店吃饭。这种传统习惯带来的健康好处早有研究证实：在家吃饭能够让人吃得更健康。

本文改编自《生命时报》2016年8月10日文章《学一学各国的健康经》，作者张芳

1 快速阅读上面的短文，根据短文内容选择正确答案。

（1）哪国人不追求更快、更高、更强的运动方式？

A 法国　　　　　　B 日本　　　　　　C 澳大利亚

（2）"享受你的食物，不要匆忙咽下"是哪国的说法？

A 法国　　　　　　B 印度　　　　　　C 中国

（3）在冰岛，什么运动也是一种社交方式？

A 打篮球　　　　　B 游泳　　　　　　C 跑步

2 再读一遍短文，根据短文内容填空。

（1）澳大利亚的健康观念是：应通过看上去简单的、互动性强的活动，如_____等，来刺激身体和大脑同时受益。

（2）研究发现，吃东西时将_____放在食物上，可以更好地控制饥饿感，保持身材。

（3）在日本，泡温泉_____有益于身体健康，_____还能治疗焦虑症，_____比吃药效果更好。

3 根据短文内容，用括号内的词语或格式回答问题。

（1）澳大利亚人认为什么样的活动能刺激身体和大脑同时受益？举例说明。（看上去，互动性）

（2）吃饭时如何能更好地控制饥饿感？（将……放在……上）

（3）在日本人看来，泡温泉除了有益于身体健康，还有什么作用？（不仅……而且……，甚至）

六、语言实践

1. 在网络上查找资料或向周围的中国人询问，看看普通中国人都有哪些"健康宝典"，并与同学们进行交流。

2. 在网络上查找资料或根据你自己的见闻，谈谈你的国家的普通百姓都有哪些"健康宝典"，也可以对本课提到的健康习惯和生活方式进行点评和补充。

七、聚宝盆 （写下这一课新学会的词语和句子）

第三课　大学生就业

一、热身

1. 在你的国家，哪些专业毕业的学生比较受欢迎？为什么？
2. 你觉得文凭在找工作的时候重要吗？为什么？

二、听力

听力A　03-1

关键词语

1.	文凭	wénpíng	N	diploma
2.	入场券	rùchǎngquàn	N	entrance ticket
3.	创业	chuàngyè	V	to start up a business
4.	途径	tújìng	N	way, approach
5.	莫过于	mò guò yú		nothing is more... than
6.	物流	wùliú	N	logistics
7.	前景	qiánjǐng	N	prospect

1　听第一遍录音，判断正误。

（1）（　）在中国找工作的时候，文凭完全不重要。

（2）（　）中国经济正由高速增长转向平稳增长。

（3）（　）这几年，中国大学生中一毕业就工作的人在减少。

（4）（　）物流管理专业的毕业生很不容易找到工作。

2 听第二遍录音，填空。

（1）一项新的研究表明，中国大学的文凭已不再是过去的职业_____。

（2）就业竞争_____激烈，好的就业机会越来越少，且中国经济正由高速增长转向平稳增长。

（3）激烈的_____使中国的大学毕业生选择继续学习或创业的比例增加。

3 听第三遍录音，回答问题。

（1）对中国的大学毕业生来说，大学文凭发生了什么变化？

（2）为什么大学毕业生中选择继续学习的比例增加了？

（3）什么专业有更好的就业前景？

听力B 03-2

关键词语

1.	自贸区	zìmàoqū	N	free-trade zone
2.	营销	yíngxiāo	V	marketing
3.	机遇	jīyù	N	opportunity
4.	突破	tūpò	V	to break through
5.	渴望	kěwàng	V	to long for
6.	永久	yǒngjiǔ	A	permanent
7.	居留	jūliú	V	to reside

1 听第一遍录音，判断正误。

（1）（　　）现在，上海高校本科毕业的留学生不能直接在上海就业。

（2）（　　）2016年5月的留学生招聘会吸引了很多留学生参加。

（3）（　　）综合环境和发展机遇让俄罗斯姑娘伊卡想留在上海。

（4）（　　）所有的外籍人士都可以在上海直接申请永久居留。

2 听第二遍录音，填空。

（1）上海高校本科毕业的留学生可以直接在上海自贸_____就业，这一人才政策让"留在上海工作"成了越来越多外国留学生的毕业首选。

（2）上海自贸试验区举办的外国留学生招聘会吸引了来自复旦大学等高校的近_____外国留学生。

（3）原先的规定是外籍人员来沪工作需有_____以上_____工作经历。

3 听第三遍录音，回答问题。

（1）什么政策吸引了上海高校毕业的留学生？

（2）外国留学生招聘会来了多少留学生？

（3）俄罗斯姑娘伊卡想找一份什么样的工作？

（4）原来的规定对外籍人员在上海工作有什么限制？

三、阅读

阅读 A

关键词语

1.	调侃	tiáokǎn	V	to ridicule
2.	描述	miáoshù	V	to describe
3.	兼职	jiān zhí	VO	(to take a) part-time job
4.	期盼	qīpàn	V	to look forward to
5.	不容乐观	bùróng lèguān		to be discouraging
6.	游学	yóuxué	V	to study in some other place or abroad
7.	支教	zhī jiào	VO	to work as a volunteer teacher

"95后"大学生的就业观

曾经有一句调侃的话，将好工作描述为"钱多事少离家近"。那么"95后"

大学生心目中的好工作是什么样的呢？日前，记者在一些大学进行了问卷调查，本次调查共收到有效问卷493份。从年龄上来看，"95后"占91.92%。对于就业，他们有自己的想法。

数据显示，在工作单位选择方面，事业单位（42.03%）和国有企业（39.72%）最受欢迎，其后分别为外企（33.26%）、私企（26.56%）、政府机构（25.64%）和社会组织（12.47%）。

在工作区域上，近半数（46.65%）优先选择"省会级二线城市"，近四成（37.41%）选择"北上广深一线城市"，不到一成（8.08%）选择"三四线中小城市"，很小比例（1.15%）选择"县城农村"，另外还有不到一成（6.71%）选择了"其他"。

找不到理想的工作怎么办？"95后"大学生似乎并不着急。在本次调查中，明确表示希望毕业后马上就业的大学生只有近三成（29.56%）。虽然采访中有超过七成受访大学生有过兼职经历，但这并不意味着"95后"大学生面临着巨大的经济压力。在"家人是否期盼你能尽快为家里挣钱"一题中，只有超过两成（22.63%）的受访大学生表示"非常期盼"。

近几年，就业情况不容乐观。虽然就业压力很大，但毕业之后不马上就业，而是通过游学、支教等方式寻找人生道路的"慢就业"也悄悄地出现了。调查显示，"95后"大学生对于"慢就业"的认可程度较高。

本文改编自《信息时报》2017年5月25日文章《大学生职业观调查：近六成"95后"认可"慢就业"》

1　快速阅读上面的短文，根据短文内容选择正确答案。

（1）记者所做的调查中，哪个年龄段的人占了90%以上？

　　A "90后"　　　　　　B "95后"　　　　　　C "00后"

（2）对"95后"大学生来说，什么工作单位最受欢迎？

　　A 事业单位　　　　　B 政府机构　　　　　C 外企

（3）在受访大学生中，明确表示希望毕业后马上就业的有_____左右。

　　A 三成　　　　　　　B 四成　　　　　　　C 五成

（4）调查显示，"95后"大学生对于"＿＿＿＿"的认可程度较高。

　　　A 慢就业　　　　　　B 快就业　　　　　　C 不就业

2 再读一遍短文，根据短文内容填空。

（1）曾经有一句调侃的话，将好工作描述为"钱＿＿＿＿事＿＿＿＿离家＿＿＿＿"。

（2）本次调查共收到有效问卷493份。从年龄上来看，"＿＿＿＿"占91.92%。

（3）在本次调查中，明确表示希望毕业后马上就业的大学生只有＿＿＿＿三成（29.56%）。

3 根据短文内容，用括号内的词语或格式回答问题。

（1）"95后"大学生认为的好工作是什么样的？（在工作单位选择方面，在工作区域上）

（2）在调查中，很多大学生有过兼职经历，是不是他们的经济压力比较大？（意味着）

（3）什么是"慢就业"？（虽然……但是……，通过……）

阅读B

关键词语

1.	伴随	bànsuí	V	with; to accompany, to follow
2.	应届	yīngjiè	A	fresh graduate
3.	攀升	pānshēng	V	to climb, to rise
4.	领域	lǐngyù	N	field
5.	运营	yùnyíng	V	to operate, to run

"90后"不再为北上广深挤破头

大批"90后"已经开始就业了,特别是"95后""96后",他们是伴随互联网发展成长的一代,他们的就业也出现了和以往应届毕业生不同的新变化:北京、上海、广州和深圳不再是他们挤破了头也想留下的城市。

一份最新的应届生就业竞争力报告显示,有近四成毕业生希望到北上广深工作,这比三年前下降了一成左右。同时,愿意去三四线城市工作的年轻人,从2015年的22%降至20%。相应地,有44%的毕业生希望选择二线城市工作,比以往增加了8个百分点。以杭州、苏州、青岛、成都、武汉、南京为代表的"新一线城市",对人才的吸引力正在迅速攀升。

最吸引毕业生的就业领域是电子商务、互联网金融,这也是目前互联网公司人才需求量最大的几个领域。在岗位选择上,技术、市场和运营的热度最高。数据显示,受互联网企业欢迎的应届生中,70%的学生毕业于名牌大学,同时,接近一半的人为硕士或博士。

1 快速阅读上面的短文,根据短文内容选择正确答案。

(1)"95后""96后"是伴随_____发展成长的一代。

　　A 广播　　　　B 电视　　　　C 互联网

(2)下面哪座城市已经不是"95后"毕业生挤破头也想留下的城市了?

　　A 上海　　　　B 成都　　　　C 杭州

(3)现在愿意去三四线城市工作的年轻人的数量和以前比怎么样?

　　A 少了　　　　B 多了　　　　C 差不多

(4)最吸引毕业生的就业领域不是_____。

　　A 电子商务　　B 互联网金融　　C 机械制造

2 再读一遍短文,根据短文内容填空。

(1)北京、上海、广州和深圳不再是他们_____也想留下的城市。

(2)以杭州、苏州、青岛、成都、武汉、南京为代表的"新一线城市",对人才的_____正在迅速攀升。

(3)受互联网企业欢迎的应届生中,70%的学生_____名牌大学。

3 根据短文内容，用括号内的词语或格式回答问题。

（1）"95后"和"96后"大学毕业生们更希望去哪些城市就业？（以……为代表）

（2）受互联网企业欢迎的应届生有什么特点？（毕业于，接近一半）

四、表达活动

3～5人一组，交流一下对未来工作的想法。

（1）先把你的想法写在一张纸上，你可以选用下面括号内的词语。

（文凭　途径　前景　机遇　领域　一二线城市　明确）

（2）在小组里互相交流各自的想法。

五、拓展练习

1. 听力 03-3

关键词语

1.	缓解	huǎnjiě	V	to relieve
2.	提升	tíshēng	V	to promote
3.	政策	zhèngcè	N	policy
4.	引导	yǐndǎo	V	to guide
5.	择业	zéyè	V	to choose a job
6.	扎堆	zhā duī	VC	to gather together
7.	偏远	piānyuǎn	A	remote, faraway

1 听第一遍录音，选择正确答案。

（1）2018年的高校毕业生人数为_____。

　　A 820万　　　　　　B 720万　　　　　　C 620万

27

（2）下面三年中，哪一年的高校毕业生人数是最多的？

A 2016 年　　　　　　B 2017 年　　　　　　C 2018 年

（3）2018 年，中国大学毕业生中报考研究生的占了毕业人数的_____。

A 10%　　　　　　　B 20%　　　　　　　C 30%

2 听第二遍录音，填空。

（1）学生普遍认为考研不仅可以缓解就业压力，还可以提升自身_____。

（2）加强对大学生的引导，让他们有一个"先就业后_____"的意识。

（3）一些_____地区或三线城市则对大学生有非常大的_____。

3 听第三遍录音，回答问题。

（1）为什么报考研究生的人数越来越多？（缓解，提升）

（2）对大学生就业难的问题，相关部门采取了哪些办法？（首先，其次）

阅读

关键词语

1.	红火	hónghuo	A	prosperous
2.	扩充	kuòchōng	V	to expand
3.	体力活儿	tǐlìhuór	N	physical work
4.	耽误	dānwu	V	to delay
5.	缺乏	quēfá	V	to lack
6.	遭受	zāoshòu	V	to suffer (from)
7.	损失	sǔnshī	N	loss

大学生兼职做快递员

随着电子商务的发展，快递行业也越来越红火。各大快递公司为了能够留住快递员并扩充快递员队伍，在快递员待遇等方面给出了更高的条件，这也吸引了很多大学生进入快递行业，一些还没毕业的大学生也兼职做起了快递小哥。

第三课 大学生就业

已经本科毕业的小马曾经是一名大学生快递员，他说："上了大学想要做点儿事情，当时还考虑过其他兼职，例如开奶茶店。但因为网购、快递发展很快，而且快递配送每天只需要在某一个时间段去做，不影响学习，再加上我对电商也比较感兴趣，想着做快递员可以一边赚钱一边学习，于是就做起了快递工作。"

也有人不赞成大学生兼职做快递员。在南京某高校读研究生的小吴同学认为："兼职快递工作的同学，大多数人做的就是简单的体力活儿，这在很大程度上会耽误学习，而且由于缺乏社会与工作经验，不能很好地保护自己的利益，很容易遭受损失。"

虽然大学生兼职做快递工作有很多令人担心的问题，但是大学生做兼职还是有积极而有益的一面的，兼职是大学生成长过程中完成社会化的很重要的一部分。大学生可以通过兼职感受一下，除了自己的专业以外，还能够做什么工作，以及是否适合做某一个工作。

1　快速阅读上面的短文，根据短文内容选择正确答案。

（1）随着电子商务的发展，_____行业也越来越红火。

　　A 教育　　　　　　B 金融　　　　　　C 快递

（2）因为快递员_____，所以吸引了很多大学生兼职。

　　A 工作时间灵活　　B 收入较高　　　　C 有时间学习

（3）已经本科毕业的小马_____兼职快递员。

　　A 现在是　　　　　B 过去是　　　　　C 从没有做过

（4）在南京某高校读研究生的小吴同学认为，兼职快递工作_____。

　　A 影响学习　　　　B 不影响学习　　　C 可以挣钱

2　再读一遍短文，根据短文内容填空。

（1）随着电子商务的发展，快递行业也越来越_____。

（2）_____网购、快递发展很快，_____快递配送每天只需要在某一个时间段去做，不影响学习，_____我对电商也比较感兴趣，_____做快递员可以一边赚钱一边学习，于是就做起了快递工作。

（3）兼职快递工作的同学，大多数人做的就是简单的体力活儿，这_____

29

___会耽误学习。

3 根据短文内容，用括号内的词语或格式回答问题。

（1）大学生兼职做快递员，有什么令人担心的问题？（耽误，缺乏，遭受）

（2）大学生兼职有什么意义？（社会化，除了……还……）

六、语言实践

做个调查，看看中国大学生课余时间都做哪些兼职工作，他们对兼职有什么看法。

七、聚宝盆 （写下这一课新学会的词语和句子）

第四课

心灵鸡汤

一、热身

1. 你知道什么叫作"心灵鸡汤"吗？
2. 你有什么对你影响比较大的人生道理吗？跟大家聊一聊。

二、听力

关键词语

1.	恭候	gōnghòu	V	to await respectfully
2.	印刷	yìnshuā	V	to print
3.	把握	bǎwò	N	confidence
4.	合作	hézuò	V	to cooperate
5.	预见	yùjiàn	V	to foresee

1 听第一遍录音，判断正误。

（1）（　　）"我"有位朋友是印刷厂的老板。

（2）（　　）"我"的朋友在很短的时间内就找到了合作厂家。

（3）（　　）"我"的朋友选择的是随时欢迎他去的厂家。

（4）（　　）"我"的朋友认为真正可靠的厂家是能确定具体见面时间的厂家。

2 听第二遍录音，填空。

（1）我有位外国朋友，想找当地印刷厂帮他_____。

31

（2）他听说印刷厂的生意＿＿＿＿强，有时会拖时间，他怕不能按时完成，于是请我介绍几家可靠的。

（3）其中两家都在电话里对我说"＿＿＿＿恭候"。只有一家，先要我等他查本子，再对我说"下午三点十五分见面"。

（4）只有准确＿＿＿＿时间并提示可以预见的问题，才是真正守时的人。

3 听第三遍录音，回答问题。

（1）"我"的朋友想让"我"帮什么忙？

（2）一般的印刷厂可能会出现什么问题？

（3）"我"那位朋友是怎么选择印刷厂的？

（4）这个故事讲了一个什么道理？

听力B  04-2

关键词语

1.	悖论	bèilùn	N	paradox
2.	合群	héqún	A	to get on well with others; sociable
3.	气喘吁吁	qìchuǎn xūxū		to pant for breath
4.	爆发	bàofā	V	to burst (out)
5.	扫兴	sǎoxìng	A	disappointing (others), spoiling (others' enjoyment)
6.	退让	tuìràng	V	to make a concession
7.	下坡路	xiàpōlù	N	downhill path, decline

1 听第一遍录音，判断正误。

（1）（　　）录音中的事情发生在一个炎热的夏日。

（2）（　　）艾伯林是一家餐馆，离他们的家比较近。

（3）（　　）吃完饭，大家都非常高兴。

（4）（　　）岳父很喜欢去艾伯林吃饭。

2 听第二遍录音，填空。

（1）一个_____夏日，有对夫妇和妻子的父母在一起玩儿牌。这时候，岳父说："我们去艾伯林吃个饭吧。"

（2）于是，大热天的，大家_____地赶了过去，结果到了那个餐厅，发现食物非常难吃。

（3）就这样，四个人都觉得自己是为了别人_____了自己的意见，结果却是个个都不开心。

（4）一个集体，想要保持良好的关系，大家一开始就应该把自己心里的_____说出来。

3 听第三遍录音，回答问题。

（1）在这个故事里，岳父提了一个什么建议？

（2）大家有没有按照岳父的这个建议去做？

（3）为什么大家最后都不高兴？

（4）说话人认为一个集体想要保持良好的关系，应该怎么做？

三、阅读

阅读 A

关键词语

1.	低落	dīluò	A	depressed
2.	抵抗	dǐkàng	V	to resist
3.	诱惑	yòuhuò	V	to lure
4.	拖延	tuōyán	V	to delay
5.	泪流满面	lèi liú mǎnmiàn		One's face is covered with tears.
6.	咽	yàn	V	to swallow
7.	应激反应	yìngjī fǎnyìng		stress reaction

让自己高兴

心理学家通过大量的实验证明：生活越困难或情绪越低落，就越让人难以抵抗诱惑。经济危机来临时，人们会更想购物；工作压力大，会让你吃得更多；拖延的时间越长，越难以集中注意力；看完恐怖片，人们会忍不住花上三倍的价钱买些自己根本不需要的东西。

有一项心理研究就是关于这种现象的。实验人员在一个房间里摆满了巧克力蛋糕，每一个参加实验的人，都可以自由食用。实验开始，他们必须回忆自己最痛苦、最失败的一次经历……他们伤心难受，甚至泪流满面。回忆结束之后，当他们走出实验室，看见蛋糕，就会大口大口地咽下。研究人员对比了一下，参加实验的人这时候吃下去的蛋糕量比情绪正常时要多得多。即使是原来对蛋糕没有兴趣的人，也会突然想吃点儿，因为"这会让自己高兴起来"。

"让自己高兴"就是我们在面对压力时最自然的心理需求。因为愤怒、悲伤、焦虑等消极情绪，都会引起大脑的应激反应，它会提醒身体：敌人来临，快快行动！于是，我们的身体就会去寻找记忆中做过的一件最快速、最方便、最容易让自己快乐的事情，重新做一遍。

1 快速阅读上面的短文，根据短文内容选择正确答案。

（1）下面哪项不是短文中提到的情况？

　　A 经济危机来临时，人们就不想购物了

　　B 工作压力大，会让你吃得更多

　　C 看完恐怖片，人们会忍不住乱花钱

（2）参加了短文中那项心理研究实验的人，面对蛋糕时会怎么样？

　　A 一点儿也不想吃

　　B 吃得比平时少

　　C 吃得比平时多

（3）普通人在面对压力时，最自然的心理需求是什么？

　　A 让自己高兴　　　B 让自己生气　　　C 让自己愤怒

第四课 心灵鸡汤

2 再读一遍短文，根据短文内容填空。

（1）心理学家通过大量的实验证明：生活越_____或情绪越低落，就越让人难以_____诱惑。

（2）"让自己_____"就是我们在面对压力时最自然的心理需求。

（3）我们的身体就会去寻找_____中做过的一件最快速、最方便、最容易让自己快乐的事情，重新做一遍。

3 根据短文内容，用括号内的词语或格式回答问题。

（1）当一个情绪低落的人面对诱惑时，会有怎样的表现？（越……越……）

（2）参加完实验的人一般都会做些什么？（大口大口地）

（3）面对压力时，我们的身体会做些什么？（寻找，最……最……最……）

阅读 B

关键词语

1.	彼此	bǐcǐ	Pron	each other
2.	顺眼	shùnyǎn	A	pleasing to the eye
3.	体贴	tǐtiē	V	to show consideration for
4.	波动	bōdòng	V	to swing, to fluctuate
5.	感慨	gǎnkǎi	V	to sigh with emotion
6.	陪伴	péibàn	V	to accompany

生气的话要轻声说

有一部电影讲了这样一个故事：

西奥多是一个在生活中感情非常失败的人，他对妻子有很多不满，而妻子认为他"没有办法处理自己的感情"，彼此都觉得对方不顺眼，两个人最终离了婚。然后，西奥多遇到了萨曼莎，一个体贴、时刻有回应、可以理解他的"女人"。

其实,"她"就是一个电脑系统。西奥多疯狂地爱上了萨曼莎,"她"永远那么平和、温柔,他一点点的情绪波动,萨曼莎都可以感受到。

当然,他们最后并没有在一起。因为这样完美的"女人",同时在跟几千人"恋爱"。

电影的最后,西奥多和朋友在天台上望着夜空,回想这段恋情,他内心忽然有了许多感慨。他给前妻写了封邮件:"真抱歉,我对你的指责太多,给你的陪伴太少。但我永远爱你,永远是你的朋友。"

西奥多因为被萨曼莎温柔对待过、理解过,所以他开始反思,上一段婚姻也许并不像他之前所认为的那么糟糕,妻子对他的爱和理解,未必就那么少。

在情绪稳定这件事上,人一定是比不上机器的。所以,如果遇到这样的人,你真的要好好儿珍惜。生气的话要轻轻地说,这样你才会被"听到"。

本文改编自《中国青年报》2006年8月9日文章《亲爱的 生气的话要轻声说》,作者阿楚楚

1 快速阅读上面的短文,根据短文内容选择正确答案。

(1) 电影中,西奥多是一个在生活中_____非常失败的人。

  A 事业   B 感情   C 学业

(2) 西奥多的妻子认为西奥多怎么样?

  A 没有办法处理自己的感情

  B 不能挣很多钱

  C 不适合做永远的朋友

(3) 关于萨曼莎,下列哪项是错误的?

  A 是电脑系统

  B 结婚了

  C 很温柔

(4) 关于电影的结尾,下列哪项是正确的?

  A 西奥多和萨曼莎结婚了

  B 西奥多写信给前妻道歉

  C 西奥多后悔没和萨曼莎在一起

第四课 心灵鸡汤

2 再读一遍短文，根据短文内容填空。

（1）西奥多和妻子_____都觉得对方不顺眼，两个人最终离了婚。

（2）萨曼莎永远那么平和、温柔，他一点点的情绪_____，萨曼莎都可以感受到。

（3）西奥多开始反思，上一段婚姻也许并不像他之前_____的那么糟糕，妻子对他的爱和理解，_____就那么少。

（4）在情绪稳定这件事上，人一定是_____机器的。

3 根据短文内容，用括号内的词语或格式回答问题。

（1）西奥多为什么会和妻子离婚？（彼此，不顺眼）

（2）萨曼莎是个怎样的"女人"？（平和，波动）

（3）西奥多为什么会写信给前妻道歉？（并不像……，所认为的……）

四、表达活动

3～5人一组，交流一下在与他人相处时应该注意哪些方面的问题。

（1）先把你的想法写在一张纸上，你可以选用下面括号内的词语。

（守时　合群　扫兴　意愿　退让　彼此　体贴　陪伴　回应　顺眼　理解）

（2）在小组里互相交流各自的想法。

（3）每个小组派一个代表向全班汇报小组的交流情况。

五、拓展练习

1.听力  04-3

> 关键词语

1.	闲聊	xiánliáo	V	to chat
2.	命中注定	mìngzhōng zhùdìng		destined
3.	拳头	quántou	N	fist

4.	迷惑	míhuò	A	confused
5.	机械	jīxiè	A	mechanical
6.	凡是	fánshì	Adv	every, any

1 听第一遍录音，判断正误。

（1）（   ）"我"是一位成功人士。

（2）（   ）"我"的朋友很喜欢算命。

（3）（   ）朋友告诉"我"命运不在别人的嘴里。

（4）（   ）"我"的朋友告诉"我"有一部分命运在"上天"手里。

2 听第二遍录音，填空。

（1）命运究竟是怎么回事？既然命中＿＿＿＿，那奋斗又有什么用？

（2）记住，命运在自己的＿＿＿＿，而不是在别人的＿＿＿＿！这就是命运。

（3）命运绝大部分掌握在自己手里，但还有一部分掌握在"＿＿＿＿"手里。

（4）古往今来，＿＿＿＿成功的人，"奋斗"的意义就在于用其一生的努力去争取。

3 听第三遍录音，回答问题。

（1）"我"的朋友是个什么样的人？

（2）"我"向朋友提了什么问题？

（2）朋友用什么方法给了"我"答案？

（3）朋友相不相信命运？

2. 阅读

关键词语

| 1. | 解压 | jiě yā | VO | to relieve stress |

2.	暴饮暴食	bàoyǐn-bàoshí		to eat and drink too much
3.	罪恶感	zuì'ègǎn	N	sense of guilt
4.	瑜伽	yújiā	N	yoga
5.	创意	chuàngyì	N	creativity
6.	削弱	xuēruò	V	to weaken

如何科学解压

美国心理学家研究发现，最常用的解压方法——吃东西、喝酒、看电视、上网、购物、玩儿游戏——往往是最无效的方法，它们只会让我们更有压力。

比如，通过暴饮暴食来解压的人里，只有16%认为这种方法有效。而在另一项调查里，当女性感到抑郁时，去吃大量巧克力，结果却带来更大的罪恶感。还有一项调查则发现，失意者购物更多，而看到忽然减少的银行存款，又会忍不住批评自己。罪恶感和自我批评，又会让情绪更低落。

那我们就没办法了吗？

当然不是，我们还有科学的解压方法。心理学家发现，做瑜伽、散步、阅读、听音乐、与家人或朋友相处、按摩、画画儿、培养有创意的爱好……都能增加快乐感。虽然和吃东西、饮酒、购物相比，这些解压方法的效果不是那么明显，也不会让人心情立即好转，但这些才是真正有效的方法。

除此之外，还要学着接受和面对你的过错。

很多研究显示，自我批评不会增加我们的力量，反而会削弱我们的意志。比如，一个实验是这样的：在实验室里，女士们被要求吃一个甜甜圈，并喝一大杯水，接下来，要完成一份答卷。如果有人在答卷中说自己很有罪恶感，那么她会在接下来的巧克力、爆米花等食物面前，更加难以控制自己。她会比没有罪恶感的女士吃掉多出一倍的食物，这是因为："我的减肥计划已经失败了，那我再吃点儿又有什么关系呢？"

由此可见，对意志的恢复来说，自我接受比自我批评要有效得多。只有有效地解压，真正地接受自己，我们才能更有效地集中自己的意志力，恢复真正的快乐。

本文改编自《中国青年报》2016年8月5日文章《情绪越低落，越难抵抗诱惑》，作者周冲

1. 快速阅读上面的短文，根据短文内容选择正确答案。

   （1）根据作者的观点，下列哪种活动会让自己更有压力？

   　　A 画画儿　　　　　B 做瑜伽　　　　　C 玩儿游戏

   （2）散步、阅读等活动产生的快乐感_____。

   　　A 会很快消失

   　　B 会让人心情立即好转

   　　C 会有效解压

   （3）在短文提到的心理实验中，有罪恶感的人和没有罪恶感的人相比_____。

   　　A 吃得更多　　　　B 吃得更少　　　　C 吃得差不多

2. 再读一遍短文，根据短文内容填空。

   （1）美国心理学家研究发现，最常用的解压方法——_____、喝酒、看电视、_____、购物、玩儿游戏——往往是最无效的方法，它们只会让我们更有压力。

   （2）很多研究显示，自我批评不会_____我们的力量，反而会削弱我们的意志。

3. 根据短文内容，用括号内的词语或格式回答问题。

   （1）心理学家提到了哪些能真正解压的方法？它们有什么特点？（效果，好转）

   （2）在作者看来，学会自我接受有什么好处？（只有……才……）

六、语言实践

1. 通过访谈或者在网络上查找资料，看看大家都有什么好的解压方法，与同学交流一下。

2. 跟同学讨论一下，对文中谈到的一些观点，比如"吃东西、喝酒、看电视、上

网、购物、玩儿游戏——往往是最无效的方法，它们只会让我们更有压力""自我批评不会增加我们的力量，反而会削弱我们的意志"，大家是否同意，请大家交流各自的看法。

七、聚宝盆（写下这一课新学会的词语和句子）

第五课 中国制造

一、热身

1. 你用过中国制造的产品吗？觉得怎么样？
2. 你的国家从中国进口的主要产品有哪些？

二、听力

 05-1

关键词语

1.	小商品	xiǎoshāngpǐn	N	small commodity
2.	连锁商店	liánsuǒ shāngdiàn		chain store
3.	大受欢迎	dà shòu huānyíng		very popular
4.	热销	rèxiāo	V	to sell like hot cakes
5.	价廉物美	jiàlián-wùměi		of high quality and inexpensive
6.	抢购一空	qiǎnggòu yīkōng		to snap up

1 听第一遍录音，判断正误。

（1）（　　）今年9月，义乌出口的圣诞礼品比去年增长30%。

（2）（　　）一名美国沃尔玛公司的销售员表示，今年的圣诞树主要从中国进口。

（3）（　　）最便宜的圣诞树已经全部卖完了。

（4）（　　）德国制造的"胡桃夹子"比中国制造的贵得多。

2 听第二遍录音，填空。

（1）义乌_____市场已经成为世界最大的圣诞礼品交易市场。

（2）今年圣诞树的价格_____18美元_____200美元不等。

（3）中国制造的每个只要12.99美元，_____7.99美元，因为价廉物美，很快便被抢购一空。

3 听第三遍录音，回答问题。

（1）世界最大的圣诞礼品交易市场在哪里？

（2）今年，什么价格的圣诞树已经全部卖完了？

（3）中国制造的圣诞礼品怎么样？

听力B  05-2

关键词语

1.	太阳能	tàiyángnéng	N	solar energy
2.	头号	tóuhào	A	top, No.1
3.	热水器	rèshuǐqì	N	water heater
4.	一流	yīliú	A	first-rate
5.	新能源	xīnnéngyuán	N	new energy
6.	媲美	pìměi	V	to compare favorably with
7.	性价比	xìngjiàbǐ	N	cost-performance ratio

1 听第一遍录音，判断正误。

（1）（　　）中国是世界头号太阳能产品生产大国。

（2）（　　）中国的新能源产业发展比较慢。

（3）（　　）中国企业生产的新能源汽车还没有在西方国家打开市场。

（4）（　　）杭州生产的那款纯电动汽车，行驶里程同传统汽油车差不多。

2 听第二遍录音，填空。

(1) 中国作为世界_____太阳能产品生产大国，绝大多数产品都向德、美、日等国家出口。

(2) 中国太阳能热水器质量_____。

(3) 这款汽车计划在今后几年内_____英国市场，预计售价_____ 16 300 英镑到 20 500 英镑_____。

3 听第三遍录音，回答问题。

(1) 中国生产的太阳能热水器主要出口到哪些国家？

(2) 中国生产的太阳能热水器的质量怎么样？

(3) 为什么说录音中提到的那款电动汽车会大受欢迎？

三、阅读

阅读A

1.	援助	yuánzhù	V	to help, to support, to aid
2.	开拓	kāituò	V	to exploit (the market)
3.	随处可见	suíchù kějiàn		to be seen everywhere
4.	畅销	chàngxiāo	V	to sell well
5.	耐久度	nàijiǔdù	N	durability
6.	外壳	wàiké	N	shell

非洲喜爱"中国制造"

曾经有这么一个故事，说一个亚洲人去非洲，下飞机之后看到的都是各种各样的中国产品，如果不是看到当地人，就会认为自己来到的是中国的某一个城市。不知道这个故事是否真实发生过，但是中国制造的产品在非洲地区的影响力确实是非常大的。

中国政府每年都对非洲的发展中国家进行医疗卫生、基础建设等方面的援助，中国企业也积极开拓非洲市场，努力使非洲人民一同享受科技给生活带来的变化。

在医疗方面，中国生产的药物在非洲随处可见，包括云南白药、风油精等。这里的蚊虫多，对人体的伤害也更大一些，所以风油精在这里是一个特别畅销的东西。

在科技领域，中国的手机厂家纷纷根据非洲当地的实际情况，为他们生产符合他们需要的手机，比如提高手机电池的耐久度、手机外壳采用更加坚硬的材料制作等。

在交通领域，非洲最多的还是日本车，因为日本车省油，但是在摩托车、自行车方面，就绝对是中国商家的天下了。

1 快速阅读上面的短文，根据短文内容选择正确答案。

（1）短文第一段提到的故事_____。

　　A 是假的　　　　　B 是真的　　　　　C 不知真假

（2）风油精是一种可以治疗_____的药品。

　　A 蚊虫叮咬　　　　B 感冒　　　　　　C 拉肚子

（3）中国的手机厂家会把卖给非洲的手机的外壳做得更_____一些。

　　A 软　　　　　　　B 硬　　　　　　　C 长

（4）非洲的自行车和摩托车大多数都是_____生产的。

　　A 中国　　　　　　B 日本　　　　　　C 非洲

2 再读一遍短文，根据短文内容填空。

（1）不知道这个故事_____真实发生过，但是中国制造的产品在非洲地区的_____确实是非常大的。

（2）在医疗方面，中国生产的药物在非洲_____，包括云南白药、风油精等。

（3）中国的手机厂家纷纷根据非洲当地的_____，为他们生产符合他们需要的手机。

（4）但是在摩托车、自行车方面，就绝对是中国商家的_____了。

3 根据短文内容，用括号内的词语或格式回答问题。

（1）中国制造的产品在非洲卖得怎么样？（影响力，随处可见）

（2）中国的手机厂家为了非洲市场，对产品做了哪些改变？（电池，耐久度，外壳，坚硬）

（3）在非洲，中国制造的哪些交通工具很受欢迎？（天下）

阅读B

关键词语

1.	随着	suízhe	Prep	with, in the wake of
2.	改革开放	gǎigé kāifàng		the reform and opening-up policy
3.	标识	biāoshí	N	logo, sign
4.	创始人	chuàngshǐrén	N	founder
5.	款式	kuǎnshì	N	style, design
6.	关税	guānshuì	N	tariff

我们还能离得开"中国制造"吗？

随着中国的改革开放，中国生产的各种商品大量出口到全球，无论是衣帽鞋袜，还是电子产品，都能看到"中国制造"的标识。

美国

对于美国普通民众来说，从服装到日常用品，再到电子产品，"中国制造"已经是他们生活中必不可少的一部分了。记者曾经采访过美国梅西百货公司的一个销售经理，他说梅西销售的商品中大概有60%～70%都是中国制造的，而他个人日常生活中约95%的物品是中国制造的。

毕业于美国斯坦福大学的博士亚尼夫·施谢森是一个新能源项目的创始人。他在接受记者采访时说："在我从事的新能源领域，有很多中国制造的产品。我对这些产品印象很好，它们的性价比很高，很有竞争力。"

越南

作为邻国，中国和越南有着相似的文化。中国商品无论款式、品种还是价格，都很符合越南消费者的需求，质量也很不错。大部分越南人的生活离不开"中国制造"。

41岁的河内市民范春鹏是一家外企员工，在他的印象中，从20世纪90年代开始，越南市场上就已经有很多中国商品了。

随着中国—东盟自由贸易区的建立和关税降低，目前，在越南市场上的中国商品的价格比以前明显下降了。

澳大利亚

澳大利亚财政部的官员乔安娜对记者说，今年中国成为澳大利亚最大的贸易伙伴国，中国制造的产品对澳大利亚市场是个很好的补充，并且没有同本地厂家形成竞争局面。乔安娜还说，这些年，中国出口的产品在质量上进步很大。一般来说，澳大利亚人对"中国制造"的评价还是相当正面的，相信中国制造的产品很快会成为世界一流产品。

1 快速阅读上面的短文，根据短文内容选择正确答案。

（1）美国的普通民众对中国制造的产品_____。

　　A 很熟悉　　　　　B 不太熟悉　　　　C 很不熟悉

（2）从_____开始，越南市场上就已经有不少中国商品了。

　　A 20世纪90年代　　B 21世纪初　　　　C 10年前

（3）中国的产品跟澳大利亚本国的产品是一种相互_____的关系。

　　A 竞争　　　　　　B 模仿　　　　　　C 补充

（4）澳大利亚人觉得中国制造的产品_____。

　　A 世界一流　　　　B 总体不错　　　　C 不太好用

2 再读一遍短文，根据短文内容填空。

（1）_____中国的改革开放，中国生产的各种商品大量出口到全球，无论是衣帽鞋袜，还是电子产品，都能看到"中国制造"的标识。

（2）_____美国普通民众_____，从服装到日常用品，再到电子产品，

"中国制造"已经是他们生活中必不可少的一部分了。

（3）中国商品_____款式、品种_____价格，_____很符合越南消费者的需求，质量_____很不错。

（4）中国制造的产品对澳大利亚市场是个很好的补充，_____没有同本地厂家形成竞争局面。

（5）澳大利亚人对"中国制造"的评价还是相当_____的。

3 根据短文内容，用括号内的词语或格式回答问题。

（1）中国产品对美国人的生活有什么影响？（对/对于……来说，必不可少）

（2）毕业于美国斯坦福大学的博士亚尼夫·施谢森对新能源领域的中国产品有什么评价？（在……看来，性价比，竞争力）

（3）越南人觉得中国产品怎么样？（无论……还是……，离不开）

（4）澳大利亚人对中国产品的评价怎么样？（进步，正面）

四、表达活动

3～5人一组，交流一下对于中国制造产品的评价。

（1）先把你的评价写在一张纸上，你可以选用下面括号内的词语。

（随着　越来越　从……到……　无论……都……　在我看来
在我的印象中　一般来说　比如说）

（2）在小组里互相交流对中国产品的评价。

（3）每个小组派一个代表向全班汇报小组的交流情况，可以选用下面括号内的词语。

（大部分人认为　在大部分人的印象中　也有一些人觉得　总的来说
评价　正面）

五、拓展练习

1. 听力 05-3

关键词语

1.	低价低质	dījià dī zhì		of low price and quality
2.	随意	suíyì	A	at will
3.	列举	lièjǔ	V	to enumerate
4.	定期	dìngqī	A	regular, at fixed intervals
5.	高新技术	gāoxīn-jìshù		high and new technology
6.	设备	shèbèi	N	equipment
7.	机械	jīxiè	N	machinery

1 听第一遍录音，选择正确答案。

（1）（　　）莫斯科市民玛莎的家里，随处可见中国生产的物品。

（2）（　　）很少有俄罗斯市民会定期购买中国产品。

（3）（　　）目前，俄罗斯消费者对中国制造产品的评价正在向"价廉物美"转变。

（4）（　　）目前，中国出口到俄罗斯的商品仍旧以服装和小商品为主。

2 听第二遍录音，填空。

（1）从桌、椅、沙发，到儿子成天不离手的电子游戏机，再到家里人穿的大多数衣服，都是_____的。

（2）一项调查显示，大约_____的俄罗斯民众会定期购买中国产品。

（3）在俄罗斯经济界人士亚宁看来，俄罗斯消费者对中国制造产品的评价在不断_____。

3 听第三遍录音，回答问题。

（1）中国制造的产品在俄罗斯卖得怎么样？

（2）俄罗斯消费者对中国制造产品的评价发生了怎样的变化？

（3）目前，中国对俄罗斯出口的商品大部分是什么类型的？

2. 阅读

关键词语

1.	创造	chuàngzào	V	to create
2.	品牌	pǐnpái	N	brand
3.	屈指可数	qūzhǐ kě shǔ		few
4.	树立	shùlì	V	to set up
5.	大势所趋	dàshì suǒ qū		an irresistible trend
6.	传播	chuánbō	V	to spread
7.	扩大	kuòdà	V	to enlarge

从"中国制造"到"中国创造"

10多年前，中国和北京容易让你想到什么？——想到廉价商品。

现在，外国人是怎么看北京的？——北京，已经被看作"21世纪的曼哈顿"。

但真正属于中国自己的品牌还屈指可数，要让中国从"中国制造"走向"中国创造"，就必须设计出有文化特色的品牌。近期，在一次国际品牌会议上，世界各国品牌设计专家为中国如何树立新的品牌形象提出了很多建议。

全球品牌策划大师沃利·林斯认为，一个国家的品牌就是这个国家的文化、经济、生活等各个方面的代表，因此中国的品牌设计一定要体现中国的传统文化，要把现代生活和传统文化结合起来。

伦敦现代艺术学院艺术指导、中国制造和亚洲制造创意机构创始人菲利浦·多德认为:"在20世纪,很多中国人跑到纽约去发展,现在很多人又从纽约回到了北京。中国一定会从一个简单的'中国制造'发展到'中国创造',这是大势所趋,因为世界的目光都在看着中国、看着北京。中国在品牌文化传播方面,可以通过文化艺术节、饮食节、旅游节等向世界扩大自己的影响。"

1　快速阅读上面的短文,根据短文内容选择正确答案。

(1) 10多年前,中国和北京让一些品牌设计专家想到的是_____。

　　A 廉价商品　　　　B 品牌文化　　　　C 中国创造

(2) _____,已经被看作"21世纪的曼哈顿"。

　　A 上海　　　　　　B 北京　　　　　　C 纽约

(3) 专家认为,一个国家的_____就是这个国家的文化、经济、生活等各个方面的代表。

　　A 城市　　　　　　B 产品　　　　　　C 品牌

(4) 专家认为,中国在_____传播方面,可以通过文化艺术节、饮食节、旅游节等向世界扩大自己的影响。

　　A 品牌文化　　　　B 城市文化　　　　C 饮食文化

2　再读一遍短文,根据短文内容填空。

(1) 中国的品牌设计一定要体现中国的_____文化,要把现代生活和传统文化结合起来。

(2) 中国一定会从一个简单的"中国_____"发展到"中国_____",这是大势所趋。

(3) 中国_____品牌文化传播_____,可以_____文化艺术节、饮食节、旅游节等向世界_____自己的影响。

3　根据短文内容,用括号内的词语或格式回答问题。

(1) 现在,外国人是怎么看北京的?(被看作)

(2) 专家认为,中国的品牌设计应该有什么特色?(把……和……结合起来)

(3) 专家对推广中国的品牌文化,提了什么建议?(在品牌文化传播方面,通过,扩大影响)

六、语言实践

1. 通过在网上查找资料等方式，看看中国去年的进出口总额是多少，在国际上有一定影响力的中国品牌有哪些。与同学交流一下。

2. 通过在网上查找资料等方式，看看你的国家的消费者对中国制造的产品有哪些评价，写一篇调查报告。

七、聚宝盆 （写下这一课新学会的词语和句子）

第六课

中国人的婚姻观

一、热身

1. 如果你是单身，那么你希望未来的丈夫或妻子是什么样的？
2. 你周围有跟外国人结婚的吗？你对这种"跨国婚姻"怎么看？

二、听力

 听力A 06-1

关键词语

1.	数据	shùjù	N	data
2.	大龄	dàlíng	A	above the average age (for marriage)
3.	增幅	zēngfú	N	rate of increase
4.	显著	xiǎnzhù	A	significant, notable
5.	牵线搭桥	qiānxiàn-dāqiáo		matchmaking
6.	碰撞	pèngzhuàng	V	to collide

1 听第一遍录音，判断正误。

（1）（　） 据调查，北京单身女性的比例在上升。

（2）（　） 北京的大部分大龄未婚女性生活在农村。

（3）（　） 男性似乎更愿意与学历比自己高的女性结婚。

（4）（　） 一些父母会带着子女的照片到公园里参加相亲大会。

53

2 听第二遍录音，填空。

（1）调查显示，2015年，北京30岁至44岁的单身人士中女性占45.0%，而2010年仅为_____，增幅非常显著。

（2）虽然城市中的单身女性_____接受过良好的教育且经济独立，但男性似乎更愿意与年轻且学历_____自己的女性结婚。

（3）单身女性过了_____，父母或亲朋好友就开始忙着为她们牵线搭桥、安排相亲。

（4）婚姻观念的转变正是_____与_____在当今中国激烈碰撞的一个表现。

3 听第三遍录音，回答问题。

（1）调查显示，2010年，北京30岁至44岁的单身人士中女性所占比例是多少？

（2）北京的大龄未婚女性大都有什么特点？

（3）单身女性过了多少岁，她们的父母和亲朋好友会开始着急？

（4）中国人婚姻观念的转变是因为什么？

听力B  06-2

关键词语

1.	丰收	fēngshōu	V	(to have a) good harvest
2.	异性	yìxìng	N	the opposite sex
3.	倾向	qīngxiàng	N	tendency
4.	捐赠	juānzèng	V	to donate
5.	献血	xiàn xiě		to donate blood
6.	利他主义	lìtā zhǔyì		altruism

第六课 中国人的婚姻观

1 听第一遍录音，判断正误。

（1）（　）如果想在爱情方面获得大丰收，就需要在日常生活中对别人多付出一些。

（2）（　）录音中谈到的研究结果是一项美国学者的发现。

（3）（　）帮助别人的行为对女性约会成功率的影响更大。

（4）（　）录音中谈到的研究结果支持了猎人分享食物的说法。

2 听第二遍录音，填空。

（1）_____的人更受异性喜爱，相亲的成功率更高。

（2）研究人员采访了约_____名参与者，考察了他们的婚姻关系、受异性的喜欢程度等。

（3）但这次研究的结果显示，它对_____约会成功率的影响更为明显。

（4）这一研究结果支持了先前猎人分享食物的说法，即乐于分享自己打猎所得食物的猎人，他的_____成功率会更高。

3 听第三遍录音，回答问题。

（1）什么样的人相亲的成功率更高？

（2）研究人员采访了大约多少名参与者？

（3）研究表明，帮助他人对哪个性别的人约会成功率的影响更大？

（4）猎人分享食物的说法是什么样的？

三、阅读

阅读 A

关键词语

1.	构成	gòuchéng	V	to constitute
2.	要素	yàosù	N	element
3.	抽样	chōu yàng	VO	sampling

55

4.	评价	píngjià	V	to evaluate
5.	同乡	tóngxiāng	N	people from the same village, town or province
6.	门当户对	méndāng-hùduì		(of two families) to be matched (for marriage)
7.	冲突	chōngtū	V	to conflict
8.	依次	yīcì	Adv	in turn, in sequence

幸福婚姻的构成要素

哪些夫妻对婚姻感到幸福？幸福的婚姻包含哪些共同要素？本市婚姻家庭研究会进行了一个抽样调查，调查对象是对婚姻自我评价为"幸福"和"比较幸福"的夫妻，年龄在22～60岁之间。

在被调查的夫妻中，职场上认识的占17.4%，曾经是同学的占18.2%，通过熟人"牵线搭桥"认识的占54.3%，第三类情况在50～60岁年龄段人群中尤其突出。

调查发现，在22～30岁年龄段的夫妻中，仅有45.5%的夫妻双方都是本市出生的，有55%的夫妻不是同乡。

根据调查，有大约一半的夫妻认为双方家庭是"门当户对"的。有八成左右的夫妻表示，双方在"受教育程度""经济收入""社会地位"三方面都比较接近。

这次调查还请调查对象对自己的性格和品质进行了自我评价，结果发现，接受调查的夫妻主要具有四种特点，其中位列第一的是"有责任感、乐于助人"，其次是"善于控制情绪与处理冲突"，其余两个重要特点依次是"开朗幽默、懂得浪漫"和"重视对方父母的意见"。

从这次调查结果可以得出什么结论呢？幸福婚姻的构成要素究竟有哪些？专家们说，这恐怕还需要进一步分析。

1 快速阅读上面的短文，根据短文内容选择正确答案。

（1）在这次调查的对象中，出生最早的是在_____。

A 20世纪60年代　　B 20世纪70年代　　C 20世纪80年代

(2) 在被调查的夫妻中，通过熟人介绍而成为夫妻的占总人数的_____。

　　A 54.3%　　　　　　B 18.2%　　　　　　C 17.4%

(3) 从短文可知，这次被调查的夫妻_____。

　　A 都是本市出生的　　B 收入都比较高　　C 都不大会发脾气

2　再读一遍短文，根据短文内容填空。

(1) 本市婚姻家庭研究会进行了一个抽样调查，调查对象是对婚姻_____为"幸福"和"比较幸福"的夫妻，年龄_____22～60岁_____。

(2) 结果发现，接受调查的夫妻主要具有四种特点，其中_____的是"有责任感、乐于助人"，_____是"善于控制情绪与处理冲突"，_____两个重要特点_____是"开朗幽默、懂得浪漫"和"重视对方父母的意见"。

(3) 从这次调查结果可以得出什么结论呢？幸福婚姻的构成要素_____有哪些？专家们说，这恐怕还需要_____分析。

3　根据短文内容，用括号内的词语或格式回答问题。

(1) 这次调查是针对什么人群进行的？目的是什么？（自我评价，要素）

(2) 被调查的夫妻当初都是怎么认识的？（占，主要，类）

(3) 调查发现，对婚姻感到幸福的夫妻在性格和品质上具有哪些共同特点？（位列第一，其次，其余）

阅读 B

关键词语

1.	悄然	qiǎorán	A	quiet
2.	婚龄	hūnlíng	N	marriage age
3.	涌入	yǒngrù		to swarm into
4.	推高	tuīgāo		to drive up

| 5. | 高昂 | gāo'áng | A | (of prices) high |
| 6. | 包容 | bāoróng | V | to tolerate |

中国的结婚人数逐年下降

"男大当婚，女大当嫁"，这一中国传统婚姻观念正悄然发生变化。最新的统计数据显示，2018年第一季度，全国结婚人数为301.7万对，与5年前同期结婚人数428.2万对相比下降了29.54%。其中，上海、浙江、天津等经济发达地区的结婚率普遍较低。

专家分析认为，适婚人口数量下降、婚龄推迟、城市化进程加快等都是结婚人数不断下降的原因。

自20世纪90年代起，中国人口的出生率开始下降，适婚年龄的人口数量也随之下降，这是如今结婚人数不断减少的最主要原因。

婚龄推迟也成为当前结婚人数下降的另一个重要原因。随着高等教育的普及，年轻人受教育的年限也在不断增加。绝大部分人本科毕业就已经23岁了，有的人还会选择继续读研究生，等到毕业已接近30岁了，因而结婚的年龄也不断推后。

城市化进程的推进和不断发展的经济也在一定程度上影响了当代年轻人的婚姻选择。大量人口涌入城市，在带动经济发展的同时，也推高了生活成本。尤其是经济发达地区的房价相对高昂，也让年轻人步入婚姻的时间越来越晚。

不过，即使有些年轻人已经具备了结婚的物质条件，也并不着急结婚，他们认为婚姻是一辈子的事情，还是要找到观念一致、能进行深层次沟通的人，年龄不是决定性因素。特别是对很多"80后""90后"来说，晚婚、不婚等现象越来越常见，社会包容度也在提高，婚姻不再是唯一的选择。

专家表示，结婚人数逐年下降是国家经济和社会发展的必然产物，社会应尊重多元化、个性化的个人选择，给年轻人更多选择空间。

1 快速阅读上面的短文，根据短文内容选择正确答案。

（1）2018年第一季度，全国结婚人数为_____万对。

    A 301.7　　　　　　　B 428.2　　　　　　　C 29.54

（2）上海、浙江、天津等经济发达地区的结婚率_____。

　　A 较低　　　　　　B 较高　　　　　　C 和其他地区差不多

（3）自20世纪_____起，中国人口的出生率开始下降，适婚年龄的人口数量也随之下降。

　　A 70年代　　　　　B 80年代　　　　　C 90年代

2 再读一遍短文，根据短文内容填空。

（1）"男大_____，女大_____"，这一中国传统婚姻观念正悄然发生变化。

（2）城市化进程的推进和不断发展的经济也_____影响了当代年轻人的婚姻选择。

（3）大量人口涌入_____，在带动经济发展的_____，_____推高了生活成本。

（4）社会应尊重_____化、_____化的个人选择，给年轻人更多选择空间。

3 根据短文内容，用括号内的词语或格式回答问题。

（1）如今，中国结婚人数不断减少的最主要原因是什么？（自……起，出生率，适婚年龄）

（2）为什么说城市化进程的加快也在一定程度上影响了当代年轻人的婚姻选择？（在带动……的同时，也……）

（3）为什么有些年轻人已经具备了结婚的物质条件，却并不着急结婚？（一辈子，深层次，决定性因素）

四、表达活动

1. 3～5人一组，交流一下各自对婚姻的看法，你可以选用下面括号内的词语。

　　（碰撞　理念　门当户对　冲突　城市化　包容　多元化　首先　其次　另外）

2. 阅读B短文的最后一段提到"结婚人数逐年下降是国家经济和社会发展的必然产物"，说说你是如何理解这句话的。

五、拓展练习

1. 听力 06-3

关键词语

1.	情侣	qínglǚ	N	lovers
2.	圣地	shèngdì	N	holy land, shrine
3.	美誉	měiyù	N	good reputation
4.	祈祷	qídǎo	V	to pray
5.	坍塌	tāntā	V	to collapse
6.	拆除	chāichú	V	to dismantle

1 听第一遍录音，判断正误。

（1）（   ）巴黎塞纳河里有很多"情人锁"。

（2）（   ）巴黎市政府从2015年开始移除"情人锁"。

（3）（   ）这些"情人锁"影响了桥上的交通，所以要移除。

（4）（   ）移除"情人锁"后的桥上还可以继续挂锁。

2 听第二遍录音，填空。

（1）作为"_____"，巴黎是无数情侣心中的爱情圣地。

（2）许多情侣在巴黎塞纳河的桥上留下了写有自己名字的"情人锁"，并将钥匙扔进河里，以此祈祷他们的爱情能_____。

（3）巴黎市政府在2015年_____了大量的"情人锁"，并号召人们放弃这种纪念方式。

（4）在巴黎，类似规模的"情人锁"拍卖会今后_____很难再有了。

3 听第三遍录音，回答问题。

（1）巴黎也被称为什么？

（2）情侣们留下"情人锁"的目的是什么？

（3）2015年，巴黎市政府对"情人锁"采取了什么措施？

（4）为什么巴黎今后很难再有类似规模的"情人锁"拍卖会了？

2. 阅读

关键词语

1.	火花	huǒhuā	N	spark
2.	弊	bì		disadvantage
3.	涉及	shèjí	V	to involve
4.	信仰	xìnyǎng	N	belief
5.	困惑	kùnhuò	A	confused

一个美国人眼中的跨国婚姻

美国人金安迪在某论坛上发表了一些自己对跨国婚姻的看法。他认为，跨国婚姻是个很奇妙的话题。如果一个加拿大人和一个美国人结婚，这很普通。如果结婚的双方是中国人和美国人，这才是真正意义上的跨国婚姻。所以，他认为跨国婚姻更多的是指"跨文化"的婚姻，不同文化的相互碰撞，产生了奇妙的火花。

金安迪认为，跨国婚姻利大于弊，但是跨国婚姻并不一定适合所有人。成功的跨国婚姻夫妇，一般都会为了更好地沟通而去积极了解另一半。如果夫妻双方都在不停地学习，不断地被对方的语言、风俗习惯、传统节日及文化的不同方面所吸引，跨国婚姻的好处将远远大过坏处。

至于夫妻各自的家庭方面，如果夫妻双方尽可能多地谈一些对方文化上的趣事，他们各自的父母会更乐于接受这种跨国婚姻。毕竟，父母总是希望他们的孩子可以幸福快乐。

跨国婚姻还涉及跨信仰婚姻。金安迪认为，跨信仰婚姻是一个很难的课题。如果一方有信仰，而另一方没有，夫妻之间会产生矛盾。如果夫妻双方信仰的宗教不同，他们无法一起祈祷，便无法从精神上紧紧地联系在一起。如果夫妻有了孩子，孩子会为此感到非常困惑，甚至会因为"不喜欢"父母而拒绝接受父母双方的任一宗教信仰。金安迪认为，夫妻双方应该有同样的宗教信仰，或者干脆都没有信仰。

本文改编自侨报网 2014 年 9 月 18 日文章《一个美国人眼中的跨国婚姻》

1　快速阅读上面的短文，根据短文内容选择正确答案。

（1）金安迪认为下列哪种结合属于跨国婚姻？

　　A 美国人和英国人　　B 加拿大人和美国人　　C 中国人和美国人

（2）跨国婚姻本质上是一种"＿＿＿＿"的婚姻。

　　A 跨国家　　　　　B 跨性别　　　　　C 跨文化

（3）金安迪认为跨国婚姻＿＿＿＿。

　　A 利大于弊　　　　B 弊大于利　　　　C 利弊相等

2　再读一遍短文，根据短文内容填空。

（1）金安迪认为跨国婚姻更多的是指"跨＿＿＿＿"的婚姻，不同文化的相互碰撞，产生了奇妙的＿＿＿＿。

（2）如果夫妻双方都在不停地学习，不断地被对方的语言、风俗习惯、传统节日及文化的不同方面＿＿＿＿，跨国婚姻的好处将＿＿＿＿大过坏处。

3　根据短文内容，用括号内的词语或格式回答问题。

（1）什么样的跨国婚姻是成功的？（不停地，被……所吸引）

（2）夫妻双方有不同的宗教信仰对孩子有什么影响？（困惑，拒绝）

六、语言实践

3～4 人一组，去周围做一做调查，了解不同年龄段的中国人对跨国婚姻的看法，并进行总结。

七、聚宝盆（写下这一课新学会的词语和句子）

第六课 中国人的婚姻观

第七课 健身正当时

一、热身

1. 你喜欢健身或运动吗？为什么？你喜欢什么样的运动？
2. 你的家人或朋友是否热爱运动？他们喜爱什么样的运动？

二、听力

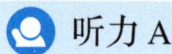 听力A  07-1

关键词语

1.	枯燥	kūzào	A	boring
2.	占据	zhànjù	V	to occupy, to take up
3.	焦虑	jiāolǜ	A	(to feel) anxious
4.	较劲	jiào jìn	VO	to have a contest
5.	舒适	shūshì	A	comfortable
6.	起跑线	qǐpǎoxiàn	N	starting line

1 听第一遍录音，判断正误。

（1）（　　）跑步突然间成了一件很时尚的事情。

（2）（　　）"我"认为现代人属于个人的时间越来越少。

（3）（　　）"我"跑步的时候感到很焦虑。

（4）（　　）"我"认为跑步这项运动需要与他人配合。

2 听第二遍录音,填空。

(1)而跑步就只是跑步,让你的头脑变得_____,让你焦虑的心情变得平静。

(2)当你跑上一阵子就会明白,跑步这项运动,_____是一项孤独的运动。

(3)你要实现的目标,成败_____自己,再生气,再着急,_____是与自己较劲。所以,完成自己设定的目标就是胜利。

(4)跑步不需要多少装备,一双舒适的跑鞋、_____衣服就够了。

3 听第三遍录音,回答问题。

(1)"我"为什么喜欢跑步?

(2)"我"为什么认为跑步是一项孤独的运动?

(3)"我"认为什么是跑步的胜利?

(4)"我"觉得跑步需要什么样的装备?

听力B  07-2

关键词语

1.	马拉松	mǎlāsōng	N	marathon
2.	空虚	kōngxū	A	void, empty
3.	抽签	chōu qiān	VO	to draw lots
4.	趋势	qūshì	N	trend
5.	持续	chíxù	V	to continue

1 听第一遍录音,判断正误。

(1)(   )孙小姐刚刚开始跑马拉松。

(2)(   )2016年,有2.3万人申请参加全程或半程上海马拉松比赛。

(3)(   )中国喜爱跑步运动的人数将快速增长。

2 听第二遍录音，填空。

（1）就在10年前，中国的马拉松组织者还_____找到足够的参赛者。

（2）2016年，有_____人申请参加全程或半程上海马拉松比赛，最终只有2.3万人能参加。

（3）70%的受访者表示，_____羽毛球这类运动_____，他们_____喜欢跑步。

3 听第三遍录音，回答问题。

（1）10年前，马拉松比赛在中国受欢迎吗？

（2）2016年，有多少人正式参加了上海马拉松比赛？

（3）据调查，与羽毛球相比，更多的人喜欢什么运动？

三、阅读

阅读 A

关键词语

1.	锻炼	duànliàn	V	to do exercise
2.	兴起	xīngqǐ	V	to rise, to emerge
3.	体质	tǐzhì	N	(body) constitution
4.	晒	shài	V	to post and share
5.	同伴	tóngbàn	N	companion
6.	负担	fùdān	N	burden

当代大学生锻炼不足

近些年，跑步热、健身热在年轻人中兴起，但大部分大学生体质不佳仍是事实。《中国青年报》对2000多名大学生进行的一项调查显示，仅12.9%的受访大学生表示每天都会去运动，而26.3%的受访大学生每周锻炼不足1次，其中

6.6%的受访者称基本不运动。

重庆某大学的小刘同学说:"周围同学的健身热情还是很高的,有的参加了学校的健身社团,有的去附近的健身中心办了卡,朋友圈里少不了'打卡'晒锻炼的。可能是大四了,大家都空下来了,有时间锻炼了。"虽然如此,小刘也承认,她其实每周也就运动一次,同学们一开始决心都很大,但真正坚持下来的,还是那些原来就很愿意运动的人。

由此可见,大学生"说得多、做得少",真正坚持运动的实在很少。究其原因,60%的受访大学生表示全都是因为懒,打游戏、看电影更轻松。还有的受访大学生表示缺少一个健身的同伴,另外近30%的受访大学生说自己学习负担太重。

专家表示,大学生的身体素质不令人满意,不仅是高校问题,更是社会问题。中国学生在中小学阶段,除了体育课,平时参加体育锻炼的人数不到8%,而日本达到了65%,美国也有63%。当代大学生还没有把运动当成一种生活习惯和生活必需。

1 快速阅读上面的短文,根据短文内容选择正确答案。

(1)在本次调查中,_____左右的受访大学生每周锻炼不足1次。

　　A 1/2　　　　　　B 1/3　　　　　　C 1/4

(2)小刘同学认为真正坚持下来健身的,还是那些原来就_____的人。

　　A 很想减肥　　　　B 身体很差　　　　C 很愿意运动

(3)下面哪项是大学生不能坚持运动的真正原因?

　　A 太懒　　　　　　B 太忙　　　　　　C 太累

2 再读一遍短文,根据短文内容填空。

(1)近些年,跑步热、健身热在年轻人中_____,但大部分大学生体质_____仍是事实。

(2)大学生"_____得多、_____得少",真正坚持运动的实在很少。

(3)专家表示,大学生的身体素质不令人满意,不仅是高校问题,更是_____问题。

（4）中国学生_____中小学_____，除了体育课，平时参加体育锻炼的人数不到8%，而日本达到了65%，美国也有63%。

3 根据短文内容，用括号内的词语或格式回答问题。

（1）小刘周围的同学是怎么健身的？（有的……有的……）

（2）为什么大学生不能坚持运动？（究其原因，懒，同伴，学习负担）

（3）专家认为大学生身体素质不佳的原因是什么？（不仅是……更是……，生活习惯）

阅读B

关键词语

1.	意愿	yìyuàn	N	will, desire
2.	可见	kějiàn	Conj	as can be seen
3.	门槛	ménkǎn	N	threshold
4.	擅长	shàncháng	V	to be good at
5.	密切	mìqiè	A	close, intimate
6.	日益	rìyì	Adv	increasingly

中国人的运动报告

从最新的《2016中国人运动报告》来看，运动意愿最高的城市是贵阳市，其次是长春、大连、南京和深圳，而广州、上海和北京，却分别排在第十位、第二十位和第二十五位。据分析，排名靠前的城市有一个共同点——空气质量较好，如贵阳长期处于空气质量"优"的级别，可见城市环境对于运动有很大影响。

报告还显示，中国人最常进行的运动中，健步走占36.93%，跑步占23.56%，两者之和超过60%，之后是骑车14.60%、健身9.84%、跳舞3.46%等。看来中国人更喜欢在日常生活中可以随时进行的运动。门槛低、效果好，是健步走和跑步占比最高的原因。其中，中老年人更喜爱健步走，而年轻人更喜爱跑步。各大城市马拉松比赛的参赛者中,"90后"和"95后"占到了58.00%。一方面,这是因为马拉松更强调体力和耐力,年轻人更擅长;另一方面,马拉松是一项集体运动,有群体属性的年轻人更愿意参加。

运动和健康关系密切,近年来,高血压发病率在年轻人,特别是城市白领中日益增高,长期久坐办公室、缺少运动是首要原因。可喜的是,现在参加运动的年轻人越来越多了,这对增强年轻人的体质大有好处。

本文改编自经济网2016年12月30日文章《QQ大数据发布〈中国人运动报告〉:情人节前一天国人最"懒"》,记者劳佳迪

1. 快速阅读上面的短文,根据短文内容选择正确答案。

   (1) 根据报告,运动意愿最高的城市是_____。

   　　A 北京　　　　　B 上海　　　　　C 贵阳

   (2) 中国人最常进行的运动是_____。

   　　A 健步走　　　　B 跳广场舞　　　C 骑自行车

   (3) 参加马拉松比赛的人_____最多。

   　　A "80后"　　　B "70后"　　　C "90后"

2. 再读一遍短文,根据短文内容填空。

   (1) 据分析,排名靠前的城市有一个_____——空气质量较好,如贵阳长期处于空气质量"优"的级别,_____城市环境对于运动有很大影响。

   (2) 中国人更喜欢在日常生活中可以_____的运动。

   (3) _____,这是因为马拉松更强调体力和耐力,年轻人更擅长;_____,马拉松是一项集体运动,有群体属性的年轻人更愿意参加。

   (4) _____,高血压发病率在年轻人,特别是城市白领中_____增高,长期久坐办公室、缺少运动是首要原因。

3. 根据短文内容,用括号内的词语或格式回答问题。

   (1) 运动意愿排名靠前的城市有什么特点?(据分析,共同点)

   (2) 报告显示,中国人最喜欢什么类型的运动?(随时)

（3）为什么参加马拉松比赛的人中"90后"和"95后"最多？（一方面……另一方面……）

四、表达活动

3~5人一组，交流一下对于中国人健身情况的看法，并将中国人喜爱的运动健身项目与自己国家国民喜爱的运动健身项目做个对比。

（1）先把你的看法写在一张纸上，你可以选用下面括号内的词语。

（近年来　日益　据分析　共同点　一方面……另一方面……）

（2）在小组里互相交流，然后派一名代表向全班汇报小组的交流情况。

五、拓展练习

 1.听力  07-3

关键词语

1.	肌肉	jīròu	N	muscle
2.	荒唐	huāngtáng	A	absurd
3.	朴素	pǔsù	A	simple
4.	脂肪	zhīfáng	N	fat
5.	失眠	shī mián	VO	insomnia
6.	珍贵	zhēnguì	A	precious

1 听第一遍录音，判断正误。

（1）（　）朋友约"我"去健身房运动。

（2）（　）健身房的机器使用起来很简单。

（3）（　）"我"一边运动一边流汗，感觉很荒唐。

（4）（　）"我"认为在大自然中劳动是最好的运动。

2 听第二遍录音，填空。

（1）健身房里有一架结构_____的机器，朋友为我介绍了机器不同的功能。要练胳膊或腿的肌肉，必须拉动或推动机器不同的部位。

（2）我们_____那部机器练不同的肌肉，练到全身酸痛、不停地喘气，但我_____却没有流一滴汗，因为健身房的冷气实在太强了。

（3）想到从前在农村，在_____劳动就是最好的运动。

（4）只能_____在健身房运动来_____，这就好像在河水中插一根竹子就想要挡住河水一样呀！

3 听第三遍录音，回答问题。

（1）健身房的那架机器有什么特点？

（2）为什么"我"在健身房没有流一滴汗？

（3）"我"对在健身房运动是什么态度？

（4）"我"认为什么才是最好的运动？

2. 阅读

关键词语

1.	跑步机	pǎobùjī	N	treadmill
2.	器械	qìxiè	N	(fitness) facilities
3.	挥汗如雨	huī hàn rú yǔ		to sweat profusely
4.	敏捷	mǐnjié	A	agile
5.	团团转	tuántuánzhuàn	A	to run round in circles

"健身生活"从年老开始

在中国，很多人的"健身生活"到年老时才开始。老人们退休后的日常生活以买菜做饭和照看孙辈为主，干完了这些，便会再聚在一起聊聊天儿，然后再"出出汗"。他们出汗的地方是小区、公园，甚至就在街边。他们不去健身房，也不需要跑步机。

　　67岁的耿爷爷喜欢在小区的健身器械上锻炼,他退休前是汽车厂的工人。耿爷爷说:"那时谁会想着锻炼啊?能吃饱,有地方住,就不错了。"他的老伙伴老刘则更喜欢在乒乓球桌前挥汗如雨,虽已80岁了,但照样身手敏捷,能把个20多岁的小伙子弄得团团转……

　　在中国的老年人中,锻炼已成为一种普遍的社会现象。在中国的城市里,无论男女都喜欢充分利用街边、小区及公园等公共场所来锻炼身体,一些简单的健身器械在多数居民区里也都能找到。据统计,中国人口的平均寿命高于很多其他中高收入国家,这跟老人们喜爱运动、重视锻炼不无关系。

　　本文改编自《环球时报》2014年8月30日文章《美媒:中国人通常在年老时才开始健身锻炼》,张旺译

1 快速阅读上面的短文,根据短文内容选择正确答案。

（1）下面哪项一般来说不是中国老年人退休后的日常生活?

A 买菜做饭　　　　B 照顾孙辈　　　　C 去健身房

（2）67岁的耿爷爷喜欢做什么运动?

A 跑步　　　　B 在健身器械上锻炼　　C 打乒乓球

（3）80岁的老刘喜欢做什么运动?

A 跑步　　　　B 在健身器械上锻炼　　C 打乒乓球

2 再读一遍短文,根据短文内容填空。

（1）在中国,很多人的"健身生活"到_____时才开始。

（2）无论男女都喜欢充分利用街边、小区及公园等_____来锻炼身体。

（3）中国人口的平均寿命高于很多其他_____国家。

3 根据短文内容,用括号内的词语或格式回答问题。

（1）很多老年人的"健身生活"从什么时候开始?（年老）

（2）在中国的城市里,人们一般在哪儿锻炼?（利用……来……）

（3）目前,中国人口的平均寿命是怎样的?（高于）

六、语言实践

去你身边的公园或小区做个调查，跟中国的老年人聊聊，看看他们平时都是如何锻炼身体的。

七、聚宝盆 （写下这一课新学会的词语和句子）

第八课

奋斗在大城市的年轻人

一、热身

1. 世界知名的大城市有哪些？你希望去大城市工作吗？为什么？
2. 你觉得大城市有什么吸引你的地方？

二、听力

听力A 08-1

关键词语

1.	分配	fēnpèi	V	to distribute
2.	沐浴	mùyù	V	to have a bath
3.	地域	dìyù	N	region, area
4.	倾向	qīngxiàng	V	to be inclined to
5.	优势	yōushì	N	advantage

1 听第一遍录音，判断正误。

（1）（　　）20多年前，中国大学生毕业以后的工作是由政府统一安排的。

（2）（　　）现在的中国大学生不需要再为找工作发愁。

（3）（　　）2010年以前，中国大学生都愿意去离家比较近的地方。

（4）（　　）现在，中国大学生最喜欢的求职城市是上海和北京。

2 听第二遍录音，填空。

（1）1996年以后，自由择业的时代来临了，_____正沐浴在改革开放的春风中。

（2）据调查，选择北京、上海、广州、深圳四个超大城市的大学生比例_____首位。

（3）_____，工作机会多，_____，这些都是北上广深这些大城市的优势。

3 听第三遍录音，回答问题

（1）1996年以后，中国大学生的就业情况发生了什么变化？

（2）现在的中国大学生一般会选择什么样的城市就业？

（3）根据调查，选择北京、上海、广州、深圳四个超大城市的大学生比例占全部大学生人数的多少？

（4）北上广深这四座城市有哪些特点？

听力B  08-2

关键词语

1.	障碍	zhàng'ài	N	obstacle
2.	扩散	kuòsàn	V	to spread
3.	诸如	zhūrú	V	such as
4.	耽搁	dānge	V	to delay
5.	折腾	zhēteng	V	to toss about, to struggle

1 听第一遍录音，判断正误。

（1）（　　）流动人口是影响年轻人进入城市的最大障碍。

（2）（　　）北上广深的上班族中，工作地点与居住地点距离10公里以上的达到了3%。

（3）（　　）北京的通州是一座"卫星城"。

2 听第二遍录音，填空。

（1）不断上涨的房价，成了影响年轻人进入城市的最大＿＿＿＿，同时也产生了都市的"＿＿＿＿"。

（2）由于市中心地价高，住宅区纷纷＿＿＿＿城市郊区＿＿＿＿，出现了"卫星城"这样的新名词。

（3）每天＿＿＿＿"卫星城"和市中心的这些年轻人被称为"BMW族"。

3 听第三遍录音，回答问题。

（1）什么是"漂一族"？

（2）大城市中为什么会出现"漂一族"？

（3）"卫星城"为什么也被称为"睡城"？

（4）为什么把每天往返于"卫星城"和市中心的年轻人称为"BMW族"？

三、阅读

阅读 A

关键词语

1.	名胜古迹	míngshèng-gǔjì	places of interest
2.	文化遗产	wénhuà yíchǎn	cultural heritage
3.	航运	hángyùn	N	shipping
4.	深厚	shēnhòu	A	deep
5.	移民	yímín	N	immigrant
6.	港口	gǎngkǒu	N	port
7.	华侨	huáqiáo	N	overseas Chinese
8.	涌入	yǒngrù		to swarm into

第八课　奋斗在大城市的年轻人

中国大陆的一线城市

北京、上海、广州和深圳这四座城市，一般被称为中国大陆的一线城市。

北京有约2200万人口，是中华人民共和国的首都，中国的政治、文化和教育中心。作为一座有着3000多年历史的古都，它拥有众多名胜古迹，是全球拥有世界文化遗产最多的城市之一。北京大学、清华大学也位于北京。

上海有约2400万人口，是中国的经济、金融、贸易和航运中心。上海有着深厚的近代城市文化和众多历史古迹，举办过2010年世博会。江南的传统文化与移民带入的新文化融合，逐渐形成了上海独特的"海派文化"。

广州有约1500万人口，是中国著名的港口城市，有着2000多年的历史，是中国最大、历史最悠久的对外通商口岸之一，也是海上丝绸之路的起点之一，是全国华侨最多的城市之一。

深圳是一座非常年轻的城市，1979年才正式设立，它有约1300万人口，是中国最早对外开放的城市之一，是中国第一个经济特区，与香港就隔了一条河。深圳从一个边远的渔村迅速发展成有一定国际影响力的国际化城市，创造了令人吃惊的"深圳速度"。

这四座城市在中国的经济发展中有着重要的地位，也不断地吸引着海内外的年轻人不断涌入。

1　快速阅读上面的短文，根据短文内容选择正确答案。

（1）中国大陆的一线城市有＿＿＿＿个。

　　　A 4　　　　　　　B 5　　　　　　　C 6

（2）＿＿＿＿是一座古老的城市。

　　　A 北京　　　　　B 深圳　　　　　C 上海

（3）＿＿＿＿曾经举办过世博会。

　　　A 北京　　　　　B 上海　　　　　C 广州

2　再读一遍短文，根据短文内容填空。

（1）北京、上海、广州和深圳这四座城市，一般＿＿＿＿中国大陆的一线城市。

77

（2）_____一座_____3000多年历史的古都，它拥有众多名胜古迹，是全球拥有世界文化遗产最多的城市之一。

（3）上海有约2400万人口，是中国的_____、金融、_____和航运中心。

3 根据短文内容，用括号内的词语或格式回答问题。

（1）北京和上海的特点分别是什么？（是……中心，有着……）

（2）什么叫"深圳速度"？（从一个……发展成……）

阅读B

关键词语

1.	短暂	duǎnzàn	A	transient
2.	相对	xiāngduì	A	comparative
3.	潮流	cháoliú	N	tide, trend
4.	鲜明	xiānmíng	A	distinct
5.	素质	sùzhì	N	quality
6.	设施	shèshī	N	facility
7.	立足	lìzú	V	to keep a foothold

逃离北上广深

每当春节假期结束时，那些发往北京、上海、广州、深圳的航班或列车里，坐着成千上万的年轻人，他们结束了在家乡的短暂停留，又要回到超级大都市继续工作或学习。

长期以来，北京、上海、广州、深圳等大城市是中国人的向往之地，特别是大学毕业生往往把工作、生活在大城市作为自己的首选。但随着工作和生活压力增大、房价上涨、生态环境恶化等情况的发生，越来越多的白领选择离开北上广深，去一些经济发展相对较好的中小城市工作，这就是所谓的"逃离北上广深"。

第八课　奋斗在大城市的年轻人

　　这个群体虽然还不算大，但和多年来人才流动的潮流——"奔向北上广深"——形成了鲜明对比。当他们到了中小城市就业后，尽管工作压力大大减轻，但新的痛苦又产生了，在人员素质、就业机会、工资福利、公共设施、未来发展等方面，中小城市和北上广深等一线城市相比，还是有很大差距的。于是在几番犹豫之后，这些白领们又重新回到大城市来了。

　　就像一位白领在博客上写的那样："我经历了逃离北上广，又逃回北上广。逃离是想找回生活，不要有太大的压力，但真的回到小城市，发现工作没有挑战，感觉不到自己的成长，有了不安全感，于是又逃回了，觉得自己还是想奋斗，也完全可以在大城市立足。但回来又是拥挤的城市、匆忙的行人，又有点儿后悔了……只能说每个人的情况都不同，这样的问题没有标准答案。"

1　快速阅读上面的短文，根据短文内容选择正确答案。

（1）每当什么时候，会有大量的年轻人从家乡回到大城市继续工作或学习？

　　A 毕业时　　　　B 春节假期结束时　　　　C 留学时

（2）根据短文，下面哪项不是白领"逃离北上广深"的理由？

　　A 北上广深压力太大

　　B 北上广深经济衰退

　　C 北上广深环境恶化

（3）根据短文，下面哪项不是白领"逃回北上广深"的理由？

　　A 中小城市的环境不安全

　　B 中小城市的工作缺乏挑战性

　　C 中小城市的个人发展空间太小

2　再读一遍短文，根据短文内容填空。

（1）长期以来，北京、上海、广州、深圳等大城市是中国人的向往之地，特别是大学毕业生_____把工作、生活在大城市_____自己的首选。

（2）越来越多的白领选择离开北上广深，去一些经济发展相对较好的中小城市工作，这就是_____的"逃离北上广深"。

3 根据短文内容，用括号内的词语或格式回答问题。

（1）中国大学毕业生就业时最看好哪些城市？（把……作为首选）

（2）为什么有些人要逃离北上广深？（随着……，选择）

（3）为什么很多人又从小城市回到了大城市工作？（在……等方面）

四、表达活动

3~5人一组，交流一下对在大城市奋斗的年轻人的看法。

（1）先把你的看法写在一张纸上，你可以选用下面括号内的词语。

（随着　越来越　把……作为　受到……影响　从……上看

在……等方面　潮流　差距）

（2）在小组里互相交流对"在大城市奋斗的年轻人"的看法。

（3）每个小组派一个代表向全班汇报交流的情况。

五、拓展练习

1. 听力　 08-3

关键词语

1.	海归	hǎiguī	N & V	person who returns to the home country after finishing overseas study; to return from overseas
2.	机构	jīgòu	N	organization
3.	发布	fābù	V	to issue
4.	形势	xíngshì	N	situation, circumstances
5.	省会	shěnghuì	N	provincial capital
6.	频率	pínlǜ	N	frequency

1 听第一遍，判断正误。

（1）（　　）海外留学人员选择回国就业的最主要原因是中国经济前景好。

（2）（　）海归就业最多的是信息技术行业。

（3）（　）海归的跳槽率不高。

2 听第二遍录音，填空。

（1）海外留学人员选择回国就业的主要原因，_____是"情感与文化因素的影响"，占43.7%。

（2）_____分别是"国内整体经济前景好，政治稳定""国外形势不利于外国学生就业"，分别占37.1%和23.4%。

（3）海归就业主要集中在民营企业和_____，在海归就业的前十大产业中，金融业最多，占14.3%。

（4）在跳槽的频率方面，工作2年之内跳槽的_____，高达39.5%，工作3～5年跳槽的海归占28.8%。

3 听第三遍录音，回答问题。

（1）近年来，海归增加的最主要原因是什么？

（2）海归就业主要集中在哪些城市？

（3）海归大部分在什么企业就业？

（4）海归一般工作几年跳槽？

2. 阅读

关键词语

1.	乏味	fáwèi	A	tedious
2.	无聊	wúliáo	A	boring
3.	无限	wúxiàn	A	infinite
4.	绝望	jué wàng	VO	(to be) desperate
5.	介意	jiè yì	VO	to mind, to care
6.	出人头地	chūréntóudì		to succeed, to get advanced in the society

喜欢北京的三个理由

有人问我,你为什么要留在北京?这个问题太大,我真不知道怎么回答。想来想去,我喜欢北京的理由,大概有以下三条:

一、有很多书店、咖啡店和剧院

周末只要有时间,我经常会去书店转转,去咖啡馆喝杯咖啡,然后在剧院看一部话剧或音乐剧等。如果没有这些,生活将会变得非常乏味。

二、能结交不同类型的朋友

要想人生的路越走越宽,必须不断接触新的环境和圈子,和不同的人群交流。在北京,除了同学和同事,还有很多机会可以认识不同类型的朋友,否则生活会变得非常无聊。

三、有无限的可能性

待在小地方,最让人绝望的一点是你看不到未来的可能性。因为一旦进入特定轨道,一切就已注定,基本上只能按照设定的道路走向人生终点。所以那么多人宁可忍受艰苦也要到北京来,仅仅因为两个字——希望。

在这里不用太介意自己的出身,只要肯努力,肯多动脑,能努力去实践,不怕失败,就有出人头地的可能。不用担心没有关系网就无路可走,真正有能力的人,自然会发光、发热。

1 快速阅读上面的短文,根据短文内容选择正确答案。

(1)"我"列出了几个喜欢北京的理由?

  A 3个   B 4个   C 5个

(2)下面哪项不是"我"周末常做的事情?

  A 去书店转转 B 搓麻将 C 看话剧

(3)"我"认为,待在小地方,最令人绝望的事情是什么?

  A 买不到想要的书

  B 找不到相同爱好的朋友

  C 看不到未来的可能性

2 再读一遍短文,根据短文内容填空。

(1)周末_____有时间,我_____会去书店转转,去咖啡馆喝杯咖啡,然后在剧院看一部话剧或音乐剧等。

（2）要想人生的路＿＿＿＿走＿＿＿＿宽，必须不断接触新的环境和圈子，和不同的人群交流。

（3）那么多人＿＿＿＿忍受艰苦＿＿＿＿到北京来，仅仅因为两个字——希望。

3 根据短文内容，用括号内的词语或格式回答问题。

（1）对"我"来说，什么样的生活是很乏味和无聊的？（如果……就……）

（2）为什么"我"觉得在小地方看不到未来的可能性？（一旦……就……，走向）

（3）"我"认为在大城市怎样才能出人头地？（只要……就…… ）

六、语言实践

1. 3～4人一组，对周围的中国年轻人就"是否会留在大城市生活和工作"以及相关的原因进行问卷调查，并写出调查报告。

2. 每个小组选派一名代表，上台总结调查的情况及结果。

七、聚宝盆 （写下这一课新学会的词语和句子）

第九课

老龄化社会

一、热身

1. 你国家的退休年龄是多少岁?
2. 在你的国家,退休后的老年人一般都做些什么?
3. 你国家的老年人退休后会和孩子在一起生活吗?

二、听力

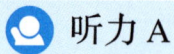 

关键词语

1.	镜子	jìngzi	N	mirror
2.	预想	yùxiǎng	V	to anticipate
3.	严峻	yánjùn	A	serious, severe
4.	模式	móshì	N	pattern
5.	金字塔	jīnzìtǎ	N	pyramid
6.	政策	zhèngcè	N	policy
7.	延长	yáncháng	V	to prolong, to extend

1 听第一遍录音,判断正误。

(1)(　　) 在被调查的中国青少年中,只有30%的人愿意在父母年老后照顾他们。

84

（2）（　）目前，中国的大多数家庭都是二胎家庭了。

（3）（　）中国未来一代将承受较为沉重的养老负担。

2　听第二遍录音，填空。

（1）虽然这项调查是针对子女进行的，但孩子也是父母的镜子，88% 这个数字反过来也反映了父母"老了以后应该让＿＿＿＿"的想法。

（2）"4·2·1"是一个体现中国家庭发展模式的倒金字塔结构，也就是由 4 个＿＿＿＿、2 个主要劳动力即＿＿＿＿二人和 1 个＿＿＿＿构成的家庭。

（3）尽管从 2016 年开始，中国实施了"＿＿＿＿"的生育政策，也就是一对夫妇可以生两个孩子。

（4）目前，没有满＿＿＿＿、身体还算健康的"前期老龄人口"占老龄人口总量的 70%。

3　听第三遍录音，回答问题。

（1）调查结果中 88% 的数字也反映了中国父母什么样的思想？

（2）"4·2·1"这种家庭结构指的是什么？

（3）什么是"全面二胎"政策？

（4）什么样的老人算"前期老龄人口"？

听力 B 09-2

关键词语

1.	急剧	jíjù	A	rapid
2.	老龄化	lǎolínghuà	V	aging
3.	预测	yùcè	V	to forecast
4.	预期	yùqī	V	to expect
5.	合理	hélǐ	A	reasonable

85

| 6. | 方案 | fāng'àn | N | proposal, scheme |
| 7. | 实施 | shíshī | V | to implement |

1 听第一遍录音,判断正误。

(1)(　) 中国是一个老年人口数量不断上升的国家。

(2)(　) 中国现在60岁以上的人口有2.1亿。

(3)(　) 2050年,中国60岁以上人口将超过总人口的一半。

(4)(　) 1950年,中国人口的预期寿命为70岁。

2 听第二遍录音,填空。

(1) 中国是一个正在急剧_____的国家。

(2) 据相关部门介绍,中国目前的退休政策是_____初期制定的。

(3) 60多年过去了,国情发生了巨大变化,人口的预期寿命已达_____岁。

(4) 中国现在是世界上_____最早的国家之一。

3 听第三遍录音,回答问题。

(1) 中国的老龄化程度怎么样?

(2) 中国目前的退休政策是什么时候制定的?

(3) 目前,中国人口的预期寿命是多少岁?

(4) 中国打算怎样进行退休政策的改革?

三、阅读

阅读A

关键词语

| 1. | 噪音 | zàoyīn | N | noise |
| 2. | 分贝 | fēnbèi | M | decibel (db) |

3.	五花八门	wǔhuā-bāmén	multifarious
4.	冲突	chōngtū	V to conflict
5.	遵守	zūnshǒu	V to abide by

全世界最吵的公园

最近一个上午，随着两个表演团队在成都人民公园的同时出现，新安装的噪音监测机器开始闪个不停，它记录下了舞蹈队和音乐爱好者们每一次违反规定的行为。当一个表演团队的几十名合唱队员高声地歌唱"啊，祖国"时，附近的监测机器显示音量达到了85分贝……

这座公园因为有着五花八门的吵闹声而闻名。多年来，由老年人组成的合唱团、乐队和舞蹈队，一直在争夺场地和观众。当地居民称之为"全世界最吵的公园"，当然，也有一些人称之为"全世界最热闹的公园"。

在中国的许多城市中，中老年居民的这一类室外活动都曾因为发出极大的声响而引发冲突。所以，一些城市采取了噪音限制和其他管理措施。从2015年起，成都人民公园就要求歌舞团队将噪音控制在80分贝以下，公园比以前安静了很多。对这两个表演团队，成都人民公园已经明确要求他们遵守有关规定，否则就不欢迎他们进入公园。

西方人通常把城市公园看作安静的放松场所。但在中国，公园则反映出人们对传统价值观中集体娱乐活动的热爱。喜欢热闹不是错，但是如果这种"热闹"变成了影响他人的"吵闹"，那就不好了。

本文改编自《环球时报》2016年7月5日文章《美媒："全世界最吵的公园"正尽力让退休人员小声点儿》，作者储白亮，王会聪译

1. 快速阅读上面的短文，根据短文内容选择正确答案。

（1）根据短文，成都人民公园因为_____而闻名。

　　A 风景优美　　　　B 非常安静　　　　C 十分吵闹

（2）成都人民公园里经常会出现_____的合唱团和舞蹈团。

　　A 年轻人　　　　　B 老年人　　　　　C 小孩子

（3）西方人通常把城市公园看作_____的场所。

A 安静放松　　　　B 集体娱乐　　　　C 看书学习

2 再读一遍短文，根据短文内容填空。

（1）成都人民公园因为有着_____吵闹声而闻名。

（2）从2015年起，成都人民公园就要求歌舞团队将噪音_____在80分贝以下。

（3）在中国，公园则反映出人们对传统价值观中_____娱乐活动的热爱。

3 根据短文内容，用括号内的词语或格式回答问题。

（1）成都人民公园因为什么而闻名？（五花八门）

（2）目前，成都人民公园采取了什么措施改善噪音问题？（控制）

（3）公园中，老年人的表演团队反映了什么样的价值观？（集体，热爱）

阅读 B

关键词语

1.	候鸟	hòuniǎo	N	migratory bird
2.	干燥	gānzào	A	dry
3.	炎热	yánrè	A	hot
4.	接待	jiēdài	V	to receive, to play host to
5.	实惠	shíhuì	A	affordable
6.	报销	bàoxiāo	V	to apply for reimbursement

候鸟式养老

随着中国老年人生活水平的提高，选择风景优美的地方旅游、度假，甚至是居住，逐渐在老年人中成为时尚，"候鸟式养老"方式也开始流行。候鸟式养老是一种特殊的养老生活方式，就是像鸟儿一样，随着季节变化而改变住处。

"北京的冬天又冷又干燥，空气也不太好，我一到冬天就咳嗽。海南的气候适合我的身体状况,我已经连续3年在海南过冬了,真的就没怎么咳嗽过。"两个多月前,74岁的方奶奶就收拾好行李,和老伴儿一起飞到了海南。海南确实是一个理想的过冬的地方。据统计,仅海南三亚,全国各地每年来这里过冬的老人就超过了40万。

而在炎热的夏季,成都的青城山等景区,会有大批老年人来度假。据四川成都某养生公寓负责人介绍,每到夏季,他们接待的老年人要占总接待人数的60%,而且一般要住3到4个月左右。

与酒店相对较高的价格相比,养老社区、老年公寓价格实惠,因此更受"候鸟族"的喜爱。但在实际消费过程中,还是产生了这样那样的问题。比如,一些机构说得很好,但服务质量达不到标准。候鸟式养老并非对所有老年人都适合,收入是最大的影响因素,如果没有足够的退休金,很难实现候鸟式养老。另外,按照目前的医疗保险政策,除了在当地指定医院看病外,去其他地方一般都得自己付钱,不能报销,这也影响了老人们到外地去养老。

本文改编自《经济日报》2015年2月4日文章《候鸟式养老:刚起步还需走得稳》,作者陈郁

1 快速阅读上面的短文,根据短文内容选择正确答案。

(1)冬天,老人一般愿意去哪里度假?

A 海南　　　　　B 北京　　　　　C 成都

(2)根据短文,"候鸟族"是指什么?

A 老人　　　　　B 白领　　　　　C 学生

(3)候鸟族老人一般会在喜爱的地方待多久?

A 几天　　　　　B 1个多月　　　　C 3到4个月

(4)候鸟族老人去外地时一般喜欢住在哪里?

A 酒店　　　　　B 养老社区　　　　C 养老院

2 再读一遍短文,根据短文内容填空。

(1)候鸟式养老是一种_____养老生活方式,就是像_____一样,随着季节变化而改变住处。

（2）据统计，仅海南三亚，全国各地每年来这里过冬的老人就超过了_____
_____。

（3）候鸟式养老_____对所有老年人都适合。

3 根据短文内容，用括号内的词语或格式回答问题。

（1）什么是"候鸟式养老"？（特殊，鸟儿）

（2）每年去海南三亚过冬的老人有多少？（据统计）

（3）候鸟式养老是否适合所有老年人？（并非）

四、表达活动

3～5人一组，总结一下阅读B短文中提到的候鸟式养老的好处与坏处，并谈谈自己的国家有没有比较特殊的养老方式。

（1）先把你的评价写在一张纸上，你可以选用下面括号内的词语。

（随着　就像……一样　适合　受到……的欢迎　每到……　据统计　并非）

（2）在小组里交流对候鸟式养老的评价，并介绍一下自己国家的养老方式。

（3）每个小组派一个代表向全班汇报小组的交流情况。

五、拓展练习

1. 听力　09-3

1.	居家养老	jūjiā yǎnglǎo		home-based care for the aged
2.	社会化	shèhuìhuà	V	to socialize
3.	体系	tǐxì	N	system
4.	优势	yōushì	N	advantage
5.	类型	lèixíng	N	type
6.	需求	xūqiú	N	need, requirement

| 7. | 提供 | tígōng | V | to provide |
| 8. | 餐饮 | cānyǐn | N | catering, food and beverages |

1 听第一遍录音，判断正误。

（1）（　　）居家养老受到中国老人的欢迎。

（2）（　　）选择居家养老的老人可以不离开自己的家。

（3）（　　）居家养老就是由自家子女照顾老人。

（4）（　　）居家养老的服务对象仅仅是能自己照顾自己的老人。

2 听第二遍录音，填空。

（1）所谓"居家养老"，就是老人住在家中，由_____来提供养老服务的一种养老方式。

（2）而提供家庭养老服务的是_____。

（3）居家养老的优势在于老年人不用_____原来的居住环境和社会关系。

（4）居家养老服务针对_____老人的需求可以分为以下几种。

3 听第三遍录音，回答问题。

（1）什么是"居家养老"？

（2）"家庭养老"和"居家养老"的区别是什么？

（3）和去养老院养老相比，居家养老的优势是什么？

（4）居家养老针对不同类型老人的需求可以分为几种？分别是什么？

2.阅读

关键词语

1.	适度	shìdù	A	moderate, appropriate
2.	热心肠	rèxīncháng	N	warm heart
3.	冷清	lěngqing	A	deserted, lonely

4.	遗憾	yíhàn	N	pity, regret
5.	学无止境	xué wú zhǐjìng		Learning never ends.
6.	延缓	yánhuǎn	V	to delay, to postpone
7.	衰退	shuāituì	V	to decline, to deteriorate

退而不休更长寿

心理学家研究发现"忙比闲好",适度忙碌的人寿命比普通人长29%,老年人应给自己找些事情做。我们根据老年人的不同情况,大致划分了以下几种类型,分别请专家给出合理安排退休生活的建议。

热爱工作型

医生、教师、科研人员、文字工作者等"越老越吃香"。如果完全离开工作,不仅自己很难适应,也是社会的损失。这样的老人,退休以后可以继续做一些与自己专业有关的工作。当然,年纪大了,要注意劳逸结合,别太辛苦。

热心肠型

有些人天生有一副热心肠,爱帮助人,喜欢组织活动,人缘非常好。离开单位后,他们会觉得格外冷清。这样的老人不能闷在家里,可以去社区做志愿者,为周围的邻居帮忙。

实现梦想型

上了岁数的人总喜欢回头看,他们会发现,自己还有很多遗憾和心愿没有实现。退休有时间了,身体状况也还不错,为什么不去试试实现自己年轻时的梦想呢?

学无止境型

一些老人喜欢学习新东西,退休后可以去上老年大学,有计划地学习电脑、摄影、书法、绘画等比较复杂且需要动脑子的技能。有好奇心的老人更长寿,学习能延缓智力衰退,还能创造更多兴趣爱好,帮老人加强人际交往。

依赖子女型

许多人老了以后,很难跟子女分开,要么同住,帮着带孩子、做家务,要么时不时去子女家走走。当然，老人也要学会与子女适度"分离"，不要过分干涉子女的生活。

本文改编自《三晋都市报》2017年4月12日文章《老年人退而不休更能长寿》

1　快速阅读上面的短文，根据短文内容选择正确答案。

（1）短文所表达的观点是什么？

　　A 越闲的人越长寿　　B 越忙的人越长寿　　C 适度忙碌的人更长寿

（2）"热心肠"是什么意思？

　　A 爱帮助人　　B 爱热闹　　C 脾气急躁

（3）短文中提到了几种老年人类型？

　　A 5 种　　B 6 种　　C 7 种

2　再读一遍短文，根据短文内容填空。

（1）心理学家研究发现"＿＿＿＿"，适度忙碌的人寿命比普通人长29%。

（2）医生、教师、科研人员、文字工作者等"＿＿＿＿"。

（3）老人也要学会与子女适度"＿＿＿＿"，不要过分＿＿＿＿子女的生活。

3　根据短文内容，用括号内的词语或格式回答问题。

（1）适度忙碌的人寿命和普通人相比有什么不同？（比……长……）

（2）热心肠的人是什么样的人？（帮助，组织活动，人缘）

（3）一些老人喜欢学习新东西，退休后他们会去做什么？（有计划地，复杂，动脑子）。

（4）父母和子女应该怎么相处？（适度"分离"，干涉）

六、语言实践

1. 3～4人一组，通过口头调查的形式，看看你身边的老人都采取什么样的养老形式。

2. 将调查结果形成一份小型的报告，派一名同学向全班汇报。

七、聚宝盆 （写下这一课新学会的词语和句子）

第十课

城镇化、城市化、国际化

一、热身

1. 你生活在大城市吗？你喜欢大城市的生活吗？
2. 你觉得目前大城市的发展面临什么问题？

二、听力

听力 A 10-1

关键词语

1.	城镇化	chéngzhènhuà	V	to urbanize
2.	暂时	zànshí	A	temporary
3.	永久	yǒngjiǔ	A	permanent
4.	户口	hùkǒu	N	registered permanent residence
5.	一技之长	yíjìzhīcháng		professional skill
6.	土生土长	tǔshēng-tǔzhǎng		locally born and bred
7.	户籍	hùjí	N	household registration

1 听第一遍录音，判断正误。

（1）（　）中国城镇化的速度很缓慢。

（2）（　）目前，有超过2亿农民工在大城市工作。

95

（3）（　　）农民工的子女和他们的父母一样希望回到家乡生活。

（4）（　　）长期以来，户籍制度影响着中国的城镇化进程。

2　听第二遍录音，填空。

（1）目前，估计有超过＿＿＿＿农民工在大城市工作，但大多数是暂时性的。

（2）对其中很多人来说，城市就是他们的家，他们比父母更希望在城里＿＿＿＿。

（3）中国政府已经＿＿＿＿将农民工更好地融入城市的必要性，并已经开始制订计划，逐步＿＿＿＿农民工的城市户籍问题。

3　听第三遍录音，回答问题。

（1）目前，有多少农民工在大城市工作？

（2）为什么大部分农民工最终要回到家乡养老？

（3）农民工的子女有什么愿望？

（4）中国政府将如何应对农民工问题？

听力B  10-2

关键词语

1.	成本	chéngběn	N	cost
2.	合得来	hédelái	A	to get along well (with somebody)
3.	设施	shèshī	N	facility
4.	便捷	biànjié	A	convenient

1　听第一遍录音，判断正误。

（1）（　　）城市化的发展提升了中国的消费活力。

（2）（　　）小城市的工资水平较低，但生活成本较高。

（3）（　　）小林觉得在四川绵阳的生活更舒适。

（4）（　　）像小林这样从大城市回到小城市的人不多。

第十课 城镇化、城市化、国际化

2 听第二遍录音，填空。

（1）一些人跑到_____等一线大城市奋斗，往往发现在那里生活并不容易，于是又回到原来较小的城市_____。

（2）但小林随父母到上海后，发现工作很辛苦，在文化上，他与当地人也不太_____。

（3）中国的中小城市发展_____，那里如今有_____的交通设施、便捷的互联网以及比较便宜的房子。

（4）小林说自己回到绵阳后，觉得生活上_____。

3 听第三遍录音，回答问题。

（1）为什么说中国的城市化发展不是单方向的？

（2）小林随父母到上海后感觉怎么样？

（3）目前，中国中小城市的发展情况如何？

（4）小林从上海回到绵阳以后觉得生活怎么样？

三、阅读

阅读 A

关键词语

1.	外籍	wàijí	N	foreign nationality
2.	出入境	chū-rùjìng		exit and entry
3.	一窝蜂	yìwōfēng	Adv	(to do something) like a swarm of bees
4.	扎堆	zhā duī	VC	to gather together
5.	意愿	yìyuàn	N	will, desire

外籍人士选择哪里定居

中国的快速发展吸引了越来越多的外籍人士来到中国工作和生活。目前，每年在上海办理各类出入境证件的外国人数量在23万左右,其中办理6个月以上长期证件的人员为17万左右,在沪工作的外国人数量约在9万至10万之间。

外籍人士来华并非一窝蜂扎堆一线城市,他们在选择工作城市时往往会综合考虑多方因素,28%的外籍人士认为城市的国际化程度是影响其选择的主要因素。相比一线城市,在宁波、重庆、天津、南京、杭州等城市工作的外籍人士表现出了更高的定居意愿。据统计,2016年,流入杭州的海外人才数量居中国大陆城市第1名。

本文改编自《环球时报》2017年3月21日文章《英媒:中国城市化的规模惊人 有102个人口超百万城市》,作者本杰明·哈斯,向阳译

1　快速阅读上面的短文,根据短文内容选择正确答案。

（1）目前,每年在上海办理各类出入境证件的外国人数量在_____万左右。

　　A 18　　　　　　B 23　　　　　　C 50

（2）一部分外籍人士在选择工作城市时,首要考虑的因素是什么?

　　A 国际化程度　　B 生活环境　　　C 交通情况

（3）2016年,流入_____的海外人才数量居中国大陆城市第1名。

　　A 上海　　　　　B 杭州　　　　　C 北京

2　再读一遍短文,根据短文内容填空。

（1）在沪_____的外国人数量约在9万至10万之间。

（2）28%的外籍人士认为城市的_____是影响其选择的主要因素。

（3）相比一线城市,在宁波、重庆、天津、南京、杭州等城市工作的外籍人士表现出了更高的_____。

3　根据短文内容,用括号内的词语或格式回答问题。

（1）在上海工作的外籍人士大概有多少人?(约,之间)

（2）28%的外籍人士认为什么方面是选择工作城市的主要考虑因素?(程度)

（3）除了北京、上海之外,哪些城市也逐渐受到外籍人士的欢迎?(等城市,定居意愿)

第十课

城镇化、城市化、国际化

阅读 B

关键词语

1.	机遇	jīyù	N	opportunity
2.	高昂	gāo'áng	A	(of prices) high
3.	无可争议	wú kě zhēngyì		unarguable
4.	魅力	mèilì	N	charm
5.	隐性	yǐnxìng	A	implicit
6.	包容	bāoróng	V	to be inclusive
7.	流浪汉	liúlànghàn	N	vagrant, wanderer
8.	隐私	yǐnsī	N	privacy

大城市的拉力

我们每个人往往都会感受到大城市的两种力量，一种是拉力，无论是大城市的医疗、卫生、教育等基础设施，还是大城市的发展机遇，都有着极大的吸引力。但是，大城市高昂的生活成本、极大的工作压力又形成一种推力，将进来的人向外推去。

在我看来，大城市的拉力大于推力。从世界各国的发展来看，大城市拥有着无可争议的魅力。

一是机会。大城市总是向你展示无限的可能性，为你提供各种各样的机遇。据统计，全国创业公司中有40%以上在大城市，北上广深的外资企业规模占全国的54.37%，大部分大企业的总部都设在北上广深。这些都意味着机会，意味着可能性，这是吸引年轻人的重要因素之一。

二是福利。拥有一个大城市的户口，意味着你拥有了更多的福利，包括医疗、教育等显性的好处和其他隐性的好处。比如说，全国80%以上的优质医疗资源集中于大城市；再比如说，最近盛行的共享经济，无论是共享单车还是公共WiFi，这些服务中的63%以上都集中在大城市。

三是包容。城市越大，就越具有包容性。无论你选择做职场强人，还是全职太太，甚至是流浪汉，大城市都会包容你。此外，大城市还是一个尊重隐私的地方。

本文改编自《元宵节逃回北上广，为什么我们无法逃离大城市》，作者博山阁主人

1. 快速阅读上面的短文，根据短文内容选择正确答案。

   （1）作者认为下面哪项是大城市的推力？

   A 医疗　　　　　　B 教育　　　　　　C 房价

   （2）据统计，全国的创业公司中有_____以上在大城市。

   A 10%　　　　　　B 40%　　　　　　C 80%

   （3）_____是吸引年轻人的重要因素之一。

   A 机会　　　　　　B 交通　　　　　　C 安全

   （4）全国的优质医疗资源有_____以上集中于大城市。

   A 10%　　　　　　B 40%　　　　　　C 80%

2. 再读一遍短文，根据短文内容填空。

   （1）从世界各国的发展来看，大城市拥有着无可争议的_____。

   （2）大城市总是向你_____无限的_____，为你_____各种各样的_____。

   （3）此外，大城市还是一个_____隐私的地方。

3. 根据短文内容，用括号内的词语或格式回答问题。

   （1）大城市具有哪些无可争议的魅力？（机会，福利，包容）

   （3）"我"谈到的福利指的是哪些方面？（显性，隐性）

四、表达活动

3～5个人一组，总结一下阅读B短文中作者所谈到的大城市的魅力都有哪些。

（1）先把你的看法写在一张纸上，你可以选用下面括号内的词语。

　　　（吸引　机会　福利　包容　尊重）

（2）你同意作者的观点吗？说说你自己的看法。

（3）每个小组派一个代表向全班汇报小组的交流情况，可以选用下面括号内的词语。

（选择　影响　因素　虽然……但是……　毕竟　发展　从……来看）

五、拓展练习

1. 听力 10-3

关键词语

1.	惊人	jīngrén	A	astonishing
2.	规模	guīmó	N	scale
3.	前所未有	qiánsuǒwèiyǒu		unprecedented
4.	打造	dǎzào	V	to build, to create
5.	管	guǎn	V	to have jurisdiction over

1　听第一遍录音，判断正误。

（1）（　　）据统计，中国目前有100多个人口超百万的城市。

（2）（　　）据说，中国政府计划把几个相邻的城市串联在一起。

（3）（　　）中国的一座城市往往还包括周边相当大的农村地区。

2　听第二遍录音，填空。

（1）中国目前有＿＿＿＿个人口超百万的城市，而今后10年这一数字可能将翻倍。

（2）据说中国政府还计划打造＿＿＿＿：把北京与邻近的天津市和河北省连在一起。

（3）中国的城市往往管着城区和周边＿＿＿＿的农村地区。

3　听第三遍录音，回答问题。

（1）中国城市化的规模体现在什么方面？

（2）什么叫作"超级城市"？

（3）为什么有专家对城市人口的计算方法提出了疑问？

2. 阅读

关键词语

1.	抱怨	bàoyuàn	V	to complain
2.	节奏	jiézòu	N	pace, tempo
3.	适宜	shìyí	A	suitable
4.	风土人情	fēngtǔ-rénqíng		local conditions and customs

喜欢上海的理由

不久前，记者采访了20位上海街头的外国人，他们有的是游客，有的来上海出差，还有的已经是上海常住居民。他们大都热爱中国、喜欢上海。当然，也有人抱怨上海物价贵，不习惯有些人大声说话。

接受采访时，在上海旅游的外国人大多对上海的城市文化、人们的热情好客给予了很高评价，对上海的快速发展表示惊讶。

30岁的法国人Geoffrey 5年前来过上海，这是他第二次来上海旅游。他认为与5年前相比，上海的经济更发达了，人们的生活节奏更快了，"这是一个自信的、有着巨大前途的城市"。

20岁的德国人Thomas说，上海人人情味浓，很可爱，不过好奇心重，喜欢凑热闹。

英国人Marco在上海居住了4年多，认为上海教育资源丰富。他特别提到"九九乘法表"很神奇，他认为上海孩子数学好、会考试。

德国人Nicholas居住在上海也有4年多了，他认为上海购物地点多，还可以通过淘宝买到各式各样的商品。

法国人Leo在上海定居7年，妻子是上海人，他认为上海很适宜居住，他很喜欢上海的风土人情，"上海这座城市像黑巧克力，是有回味的"。

记者进一步采访时，大多数被采访对象都表示看好上海的发展，几位已经在上海工作的外国人甚至表示将在上海长期定居。

本文改编自澎湃新闻2015年10月1日文章《20位外国人眼中的上海：喜欢这里的风土人情，想永久待下去》，记者储静伟、陈逸欣

1. 快速阅读上面的短文，根据短文内容选择正确答案。

    （1）记者在街头采访了几位外国人？

    　　A 18　　　　　　　B 19　　　　　　　C 20

    （2）在接受采访的外国人中，谁认为"九九乘法表"很神奇？

    　　A 德国人 Nicholas　　B 英国人 Marco　　C 德国人 Thomas

    （3）法国人 Leo 在上海定居7年，妻子来自_____。

    　　A 巴黎　　　　　　B 北京　　　　　　C 上海

2. 再读一遍短文，根据短文内容填空。

    （1）记者采访了20位上海街头的外国人，他们有的是_____，有的来上海出差，还有的已经是上海_____居民。

    （2）德国人 Nicholas 居住在上海也有4年多了，他认为上海购物地点多，还可以通过淘宝买到_____的商品。

    （3）法国人 Leo 在上海定居7年，妻子是上海人，他认为上海很_____居住，他很喜欢上海的_____。

3. 根据短文内容，用括号内的词语或格式回答问题。

    （1）记者采访的外国人都是什么人？（有的……有的……还有的……）

    （2）法国人 Geoffrey 来过上海几次？他认为上海有什么变化？（经济，节奏）

六、语言实践

去街头做个调查，问问街上的路人是本地人还是外地人，了解一下他们对当地的评价。

七、聚宝盆 （写下这一课新学会的词语和句子）

生词表

生词	拼音	课号
B		
把握	bǎwò	4
伴随	bànsuí	3
包容	bāoróng	6、10
报销	bàoxiāo	9
抱怨	bàoyuàn	10
暴露	bàolù	2
暴饮暴食	bàoyǐn-bàoshí	4
爆发	bàofā	4
悖论	bèilùn	4
彼此	bǐcǐ	4
弊	bì	6
便捷	biànjié	10
辨别	biànbié	1
标识	biāoshí	5
波动	bōdòng	4
不亚于	bú yà yú	2
不甘落后	bùgān luòhòu	1
不容乐观	bùróng lèguān	3
不足	bùzú	2
C		
餐饮	cānyǐn	9
拆除	chāichú	6
畅销	chàngxiāo	5
潮流	cháoliú	8
成本	chéngběn	10
承受	chéngshòu	2
城镇化	chéngzhènhuà	10
持续	chíxù	7

生词	拼音	课号
冲突	chōngtū	6、9
充足	chōngzú	2
抽签	chōu qiān	7
抽样	chōu yàng	6
出人头地	chūréntóudì	8
出入境	chū-rùjìng	10
传播	chuánbō	5
创始人	chuàngshǐrén	5
创业	chuàngyè	3
创意	chuàngyì	4
创造	chuàngzào	5
刺激	cìjī	2
D		
打造	dǎzào	10
大龄	dàlíng	6
大势所趋	dàshì suǒ qū	5
大受欢迎	dà shòu huānyíng	5
耽搁	dānge	8
耽误	dānwu	3
淡出	dànchū	1
导致	dǎozhì	2
低价低质	dījià dī zhì	5
低落	dīluò	4
抵抗	dǐkàng	4
地域	dìyù	8
电子商务	diànzǐ shāngwù	1
定居	dìngjū	1
定期	dìngqī	5

105

生词	拼音	课号
短暂	duǎnzàn	8
锻炼	duànliàn	7
E		
恶习	èxí	2
二维码	èrwéimǎ	1
F		
发布	fābù	2、8
乏味	fáwèi	8
凡是	fánshì	4
方案	fāng'àn	9
防备	fángbèi	1
分贝	fēnbèi	9
分配	fēnpèi	8
份额	fèn'é	1
丰收	fēngshōu	6
风土人情	fēngtǔ-rénqíng	10
风险	fēngxiǎn	2
付款码	fùkuǎnmǎ	1
负担	fùdān	7
G		
改革开放	gǎigé kāifàng	5
干燥	gānzào	9
感慨	gǎnkǎi	4
港口	gǎngkǒu	8
高昂	gāo'áng	6、10
高新技术	gāoxīn-jìshù	5
根源	gēnyuán	1
恭候	gōnghòu	4
构成	gòuchéng	6
骨折	gǔzhé	2
鼓励	gǔlì	2
关税	guānshuì	5
管	guǎn	10

生词	拼音	课号
管家	guǎnjiā	2
规模	guīmó	10
H		
海归	hǎiguī	8
航运	hángyùn	8
合得来	hédelái	10
合理	hélǐ	9
合群	héqún	4
合作	hézuò	4
红火	hónghuo	3
候鸟	hòuniǎo	9
互动性	hùdòngxìng	2
户籍	hùjí	10
户口	hùkǒu	10
华侨	huáqiáo	8
缓解	huǎnjiě	3
荒唐	huāngtáng	7
挥汗如雨	huī hàn rú yǔ	7
婚龄	hūnlíng	6
火花	huǒhuā	6
J		
饥饿	jī'è	2
机构	jīgòu	8
机械	jīxiè	4、5
机遇	jīyù	3、10
肌肉	jīròu	7
激发	jīfā	2
急剧	jíjù	1、9
价廉物美	jiàlián-wùměi	5
兼职	jiān zhí	3
焦虑	jiāolǜ	7
焦虑症	jiāolǜzhèng	2
较劲	jiào jìn	7

生词	拼音	课号
接待	jiēdài	9
揭晓	jiēxiǎo	2
节奏	jiézòu	10
解压	jiě yā	4
介意	jiè yì	8
金字塔	jīnzìtǎ	9
谨慎	jǐnshèn	1
惊人	jīngrén	10
惊讶	jīngyà	1
镜子	jìngzi	9
居家养老	jūjiā yǎnglǎo	9
居留	jūliú	3
捐赠	juānzèng	6
绝望	jué wàng	8

K

生词	拼音	课号
开拓	kāituò	5
可见	kějiàn	7
渴望	kěwàng	3
空虚	kōngxū	7
枯燥	kūzào	7
快捷	kuàijié	1
款式	kuǎnshì	5
矿物质	kuàngwùzhì	2
困惑	kùnhuò	6
扩充	kuòchōng	3
扩大	kuòdà	5
扩散	kuòsàn	8

L

生词	拼音	课号
老龄化	lǎolínghuà	9
累计	lěijì	1
泪流满面	lèi liú mǎnmiàn	4
类型	lèixíng	9
冷清	lěngqing	9
立足	lìzú	8
利他主义	lìtā zhǔyì	6
利息	lìxī	1
连锁商店	liánsuǒ shāngdiàn	5
列举	lièjǔ	5
领域	lǐngyù	3
流浪汉	liúlànghàn	10

M

生词	拼音	课号
马拉松	mǎlāsōng	7
美誉	měiyù	6
魅力	mèilì	10
门当户对	méndāng-hùduì	6
门槛	ménkǎn	7
迷惑	míhuò	4
密切	mìqiè	7
描述	miáoshù	3
敏捷	mǐnjié	7
名胜古迹	míngshèng-gǔjì	8
命中注定	mìngzhōng zhùdìng	4
模式	móshì	9
莫过于	mò guò yú	3
沐浴	mùyù	8

N

生词	拼音	课号
耐久度	nàijiǔdù	5
奴隶	núlì	1

P

生词	拼音	课号
攀升	pānshēng	3
跑步机	pǎobùjī	7
陪伴	péibàn	4
碰撞	pèngzhuàng	6
媲美	pìměi	5

生词	拼音	课号
偏远	piānyuǎn	3
频率	pínlǜ	8
品牌	pǐnpái	5
平台	píngtái	1
评价	píngjià	6
朴素	pǔsù	7
普遍	pǔbiàn	2
普及	pǔjí	1

Q

生词	拼音	课号
期盼	qīpàn	3
祈祷	qídǎo	6
起跑线	qǐpǎoxiàn	7
气喘吁吁	qìchuǎn xūxū	4
器械	qìxiè	7
牵线搭桥	qiānxiàn-dāqiáo	6
签约	qiān yuē	1
前景	qiánjǐng	3
前所未有	qiánsuǒwèiyǒu	10
抢购一空	qiǎnggòu yìkōng	5
悄然	qiǎorán	6
倾向	qīngxiàng	6、8
情侣	qínglǚ	6
情绪	qíngxù	2
屈指可数	qūzhǐ kě shǔ	5
趋势	qūshì	7
拳头	quántou	4
缺乏	quēfá	2、3

r

生词	拼音	课号
热水器	rèshuǐqì	5
热销	rèxiāo	5
热心肠	rèxīncháng	9
日光浴	rìguāngyù	2
日益	rìyì	7

生词	拼音	课号
入场券	rùchǎngquàn	3

S

生词	拼音	课号
扫描	sǎomiáo	1
扫兴	sǎoxìng	4
晒	shài	7
擅长	shàncháng	7
设备	shèbèi	5
设施	shèshī	8、10
社会化	shèhuìhuà	9
涉及	shèjí	6
深厚	shēnhòu	8
神奇	shénqí	2
省会	shěnghuì	8
圣地	shèngdì	6
失眠	shī mián	7
实惠	shíhuì	9
实施	shíshī	9
实体店	shítǐdiàn	1
示范	shìfàn	1
视线	shìxiàn	1
适度	shìdù	9
适宜	shìyí	10
受益	shòuyì	2
舒适	shūshì	7
树立	shùlì	5
数据	shùjù	6
衰退	shuāituì	9
顺眼	shùnyǎn	4
素质	sùzhì	8
随处可见	suíchù kějiàn	5
随意	suíyì	5
随着	suízhe	1、5
损失	sǔnshī	3

生词	拼音	课号
T		
太阳能	tàiyángnéng	5
坍塌	tāntā	6
提供	tígōng	9
提升	tíshēng	3
体力活儿	tǐlìhuór	3
体贴	tǐtiē	4
体系	tǐxì	9
体验	tǐyàn	1
体质	tǐzhì	7
调侃	tiáokǎn	3
跳跃	tiàoyuè	1
同伴	tóngbàn	7
同乡	tóngxiāng	6
头号	tóuhào	5
突破	tūpò	3
途径	tújìng	3
土生土长	tǔshēng-tǔzhǎng	10
团团转	tuántuánzhuàn	7
推动	tuī dòng	1
推高	tuīgāo	6
退让	tuìràng	4
拖延	tuōyán	4
W		
外籍	wàijí	10
外壳	wàiké	5
玩耍	wánshuǎ	2
网游	wǎngyóu	1
微信	wēixìn	1
维生素	wéishēngsù	2
文化遗产	wénhuà yíchǎn	8
文凭	wénpíng	3
无可争议	wú kě zhēngyì	10

生词	拼音	课号
无聊	wúliáo	8
无限	wúxiàn	8
五花八门	wǔhuā-bāmén	9
物流	wùliú	3
X		
下坡路	xiàpōlù	4
先锋	xiānfēng	1
鲜明	xiānmíng	8
闲聊	xiánliáo	4
显著	xiǎnzhù	2、6
献血	xiàn xiě	6
相对	xiāngduì	8
小商品	xiǎoshāngpǐn	5
新能源	xīnnéngyuán	5
信仰	xìnyǎng	6
兴起	xīngqǐ	7
形势	xíngshì	8
性价比	xìngjiàbǐ	5
需求	xūqiú	9
削弱	xuēruò	4
学无止境	xué wú zhǐjìng	9
迅速	xùnsù	1
Y		
延长	yáncháng	9
延缓	yánhuǎn	9
严峻	yánjùn	9
炎热	yánrè	9
研发	yánfā	1
咽	yàn	4
咽下	yànxià	2
腰围	yāowéi	2
要素	yàosù	6
一流	yīliú	5

109

生词	拼音	课号	生词	拼音	课号
依次	yīcì	6	预想	yùxiǎng	9
一技之长	yíjìzhīcháng	10	援助	yuánzhù	5
移民	yímín	8	运营	yùnyíng	3
遗憾	yíhàn	2、9	**Z**		
一窝蜂	yìwōfēng	10	杂货店	záhuòdiàn	1
异常	yìcháng	1	暂时	zànshí	10
异性	yìxìng	6	遭受	zāoshòu	3
意愿	yìyuàn	7、10	早亡	zǎo wáng	2
引导	yǐndǎo	3	噪音	zàoyīn	9
隐私	yǐnsī	10	择业	zéyè	3
隐性	yǐnxìng	10	增幅	zēngfú	6
印刷	yìnshuā	4	扎堆	zhā duī	3、10
应届	yīngjiè	3	占据	zhànjù	1、7
营销	yíngxiāo	3	障碍	zhàng'ài	8
赢得	yíngdé	1	折腾	zhēteng	8
应激反应	yìngjī fǎnyìng	4	珍贵	zhēnguì	7
拥堵	yōngdǔ	2	证实	zhèngshí	2
永久	yǒngjiǔ	3、10	政策	zhèngcè	3、9
涌入	yǒngrù	6、8	支付宝	zhīfùbǎo	1
优势	yōushì	1、8、9	支教	zhī jiào	3
游学	yóuxué	3	脂肪	zhīfáng	7
有助于	yǒu zhù yú	2	诸如	zhūrú	8
诱惑	yòuhuò	4	主导	zhǔdǎo	1
娱乐	yúlè	2	自贸区	zìmàoqū	3
瑜伽	yújiā	4	自愈	zì yù	2
预测	yùcè	1、9	罪恶感	zuì'ègǎn	4
预见	yùjiàn	4	遵守	zūnshǒu	9
预期	yùqī	9			

录音文本

第一课　无现金生活方式

听力 A

中国人欢迎移动支付

虽然世界各地都在研发移动支付技术，但任何国家的移动支付都没有中国这样普及。10多年前，中国仅有700万人有信用卡，几乎所有交易都用现金完成。而如今，通过移动设备支付的人越来越多。据统计，中国的移动支付使用比例为62%，远超全球18%的平均水平。据预测，到2021年，中国电子商务市场的规模将增长11%，达到1.55万亿美元，稳居全球之首。移动支付之所以在中国发展得如此之快，是因为它背后有巨大的消费者群体支持，中国人对这项技术特别欢迎。中国互联网巨头阿里巴巴和腾讯有力地推动了移动支付的发展，这两家公司通过各种技术手段和销售方式将顾客吸引到它们的移动支付系统中。因为谁能建立最大的平台，谁就能主导未来的行业发展。

听力 B

支付宝和微信支付

互联网时代，中国人的支付方式也在不断地创新，支付宝以及微信支付的出现大大地提升了我们的消费体验。支付宝既具有一部分信用卡的功能，也开展传统的银行业务，用户可以通过APP把自己的钱存进去，获得利息。阿里巴巴公司的支付宝拥有4.5亿实名用户，作为阿里巴巴最重要的竞争对手，腾讯也不甘落后，该公司的优势主要是：将移动支付系统与拥有超过7.6亿用户的微信连接起来。这两大移动支付方式占据了国内移动支付市场的92.41%，其中支付宝的市场份额为54.26%，微信支付的市场份额为38.15%。

支付宝和微信都通过智能手机完成支付，所以移动支付一般也被称为手机支付。通过移动支付，我们可以买东西，还可以坐公交、交水费电费以及给别人转账等。

> 拓展练习·听力

变化

我 10 多年前离开上海，去日本定居，这次回到上海，发现有很多事情让我看不懂。

最看不懂的是共享单车，马路上到处都是花花绿绿的自行车，我看了几天也不明白那是什么，为什么会那么多。忍不住问了朋友，朋友跟我详细解释了共享单车是怎么回事，并且示范了如何用手机扫描二维码开锁。日本虽然也有出租自行车，但数量少，而且必须归还到指定的地方；中国 GPS 定位的共享单车却可以随时借随时还，便利的程度真是令我吃惊。

另外一个让我看不懂的是中国手机的强大功能，尤其是移动支付功能。智能手机全球都在用，但是恐怕只有中国手机的功能异常强大，几乎什么事情都可以通过手机完成，特别是花钱。

朋友告诉我，在上海出门已经不需要带现金，只要带手机就可以了，连在菜场买菜都可以用微信和支付宝。不管在全世界什么地方，都可以通过微信、支付宝进行转账。

的确，中国移动支付的发展速度超出了人们的预期，已经走在全球最前列。中国的移动支付业务金额是美国的 50 倍，超过了日本的 GDP 总额，带来的结果是现金业务的急剧下降。中国正在从现金使用最多的国家之一，跨越式地转变为无现金国家，几乎所有来中国的外国人对此都很惊讶。

本文改编自《新民晚报》2017 年 5 月 16 日文章《变化》，作者连建明

第二课　健康管理

> 听力 A

每天开车 1 小时，身体多长 4 斤肉

澳大利亚一项新的研究发现，与每天开车 15 分钟以下者相比，每天开车至少 1 个小时的人体重平均增加 2.3 公斤，腰围平均增粗 1.5 厘米，早亡风险也会因此增大。澳大利亚国家统计局数据显示，78% 的澳大利亚人开车上班。在美国、

英国和瑞典，以开车为主要交通方式的比例分别为86%、64%和54%。长时间开车对健康造成的危害等同于久坐不动的生活方式对人的影响，都会导致体内有害脂肪增多、身体发胖，并增加患心脑血管疾病、糖尿病等疾病的风险。该项研究指出，应鼓励人们多乘公交少开车，这不仅是为了减少交通拥堵和空气污染，更多的是考虑到开车对人体健康的影响。

本文改编自《生命时报》2016年6月17日文章《每天开车一小时　身体多长四斤肉》，作者王兴旺

听力 B

神奇的自愈力

生活中，你是否经常会碰到这样的事情：不小心皮肤出了血，过一会儿血就会自然止住，几天后伤口就会长好；普通的感冒、发热，即使不吃药，一两周后也能恢复健康……那么，是什么让疾病低下了头呢？据专家介绍，我们体内有一种神奇的力量，叫作"自愈力"。它虽然看不见、摸不着，但它管理着身体的各个系统，是一个能力强大的"健康管家"。

当你感觉不舒服时，这种能力会第一时间发现不正常的信号，并指挥身体的各个系统共同作战，通过各种手段赶走疾病。

在一定程度上讲，医生治病也是通过药物来激发人的自愈力。常见的外伤，医生及时给伤口消炎后，剩下的就是靠自愈力；骨折以后固定住骨折部位，剩下的恢复也是靠自愈力；高血压等慢性病，如果调整好生活方式，不吃药一样可以控制得很好，靠的还是自愈力……

德国一项研究表明，人体自身有能力治好60%～70%的不适和疾病。但遗憾的是，现代人却没把它当回事，一生病就习惯于依靠药物，自愈力反而越来越弱。不过需要注意的是，由于年龄、体质、家族病史等原因，每个人的自愈力也是不同的，必要时还是应该找医生。

拓展练习·听力

吃蔬菜让你更抗压

大家都知道，蔬菜含有丰富的维生素和矿物质，对健康很有好处。澳大利亚

悉尼大学的一项新研究发现，那些喜欢吃蔬菜的人比不怎么吃蔬菜的人能承受更大的压力。

悉尼大学的研究人员对6万名45岁以上的澳大利亚人做了一些调查，包括蔬果消费量、生活方式和心理压力。这项研究是在两个时间段内进行的，分别是2006—2008年以及2010年。

根据该研究，和每天只吃1份蔬菜甚至不吃蔬菜的人相比，每天吃3到4份蔬菜的人所承受的压力风险要小12%，每天吃5到7份蔬菜则能将这一风险降低14%。该研究是基于过去的一些发现，即深颜色的绿色蔬菜含有多种物质，可以让人情绪稳定。

该研究的第一作者悉尼大学博士生炳·阮表示："我们发现水果和蔬菜对女性的保护作用比对男性更强。"每天吃3到4份蔬菜的女性，其压力风险比每天吃1份蔬菜甚至不吃蔬菜的女性低18%；对于每天吃5到7份蔬菜的女性，这一数据是23%。

不过该研究也表明，单独食用一份水果似乎并不能显著减轻压力。此外，食用7份以上的蔬菜并不会进一步降低压力风险。

本文改编自中国日报网2017年3月16日文章《压力大怎么办？悉尼大学研究：多吃蔬菜》，作者严立浩

第三课　大学生就业

听力A

中国大学毕业生面临迅速变化的就业状况

一项新的研究表明，中国大学的文凭已不再是过去的职业入场券。这是因为就业竞争越来越激烈，好的就业机会越来越少，且中国经济正由高速增长转向平稳增长。

据统计，在中国的大学毕业生中，2015年找到全职工作的比例约为77.4%，低于2014年的79.2%和2013年的80.6%。激烈的就业竞争使中国的大学毕业生选择继续学习或创业的比例增加，2015年分别为3.0%和10.1%，与2014年相比

均有所上升。

另一方面，信息、教育和医疗等行业正在大量地招聘大学毕业生。而对毕业生们来说，获得一份工作的最佳途径莫过于学习物流管理专业，据了解，去年该专业毕业生的就业率高达96.6%。另外，社会对自动化和软件工程等专业学生的需求也在增加，这些专业的学生将有更好的就业前景。

本文改编自《环球时报》2016年6月16日文章《美媒：大学生就业与经济转型 学士学位已非职业入场券》，王会聪译

听力B

外国留学生可留沪工作

上海高校本科毕业的留学生可以直接在上海自贸试验区就业，这一人才政策让"留在上海工作"成了越来越多外国留学生的毕业首选。2016年5月份，上海自贸试验区举办的外国留学生招聘会吸引了来自复旦大学等高校的近300名外国留学生。

在东华大学读本科的俄罗斯姑娘伊卡，希望能在自贸区找一份与市场营销相关的工作，直接留沪。她说，上海日益开放的综合环境，自贸区和科创中心建设带来的发展机遇，让她非常想留在这座城市发展。

专门的招聘会，加上政策的不断突破，为渴望人才的企业"解渴"。据介绍，借助自贸区和科创中心的整体优势，浦东新区在海外人才政策上正在不断突破，原先的规定是外籍人员来沪工作需有2年以上海外工作经历。而现在开展直接就业试点，突破了原有的限制，而且自贸区外籍高层次人才可以直接申请永久居留的认定与推荐。

本文改编自《文汇报》2017年5月11日文章《上海：自贸区外国留学生专场招聘会吸引近300人参加》，作者唐玮婕

拓展练习·听力

读研还是就业？

近几年来，中国大学的毕业生人数不断上升。根据教育部统计，2018年，高校毕业生人数达到820万，是近几年来人数最多的。现今社会就业压力不断增

大，考研的学生也越来越多，《2018年中国毕业生就业报告》显示，2018年，中国大学毕业生中报考研究生的占了毕业人数的30%，学生普遍认为考研不仅可以缓解就业压力，还可以提升自身竞争力。另外，超过50%的毕业生选择企业就业。

对大学生就业难的问题，相关部门正积极采取多种办法。首先，鼓励大学生创业，并提供一些有利政策；其次，加强对大学生的引导，让他们有一个"先就业后择业"的意识，在用人需求量大的地区找工作。目前，很多大学生都偏向于在中东部城市就业，一二线城市更是他们非常希望去的地方。大学生扎堆的一二线城市，持续涌入大学生，工作难免难找。相反，一些偏远地区或三线城市则对大学生有非常大的需求。

第四课　心灵鸡汤

听力 A

"随时恭候"并不可靠

我有位外国朋友，想找当地印刷厂帮他印一批东西。他听说印刷厂的生意季节性强，有时会拖时间，他怕不能按时完成，于是请我介绍几家可靠的。我也没把握，便写了三个厂家的名字给他，说："你还是自己观察吧。"

不久，他就找到了合作伙伴。我好奇地问他："你才用了这么几天，这么快就决定了？"

"这简单"，他笑笑，"我跟他们约时间见面的时候，其中两家都在电话里对我说'随时恭候'。只有一家，先要我等他查本子，再对我说'下午三点十五分见面'，随后又加了一句'不知道谈到四点钟，时间够不够？不够可以另外约'，我就决定了去那一家"。

"随时恭候"就可能随时都不能恭候，只有准确约定了时间并提示可以预见的问题，才是真正守时的人。在生活中的各个领域都是这样。

本文改编自《羊城晚报》2015年11月5日文章《用不着"随时恭候"》，作者张勇

> 听力 B

艾伯林悖论

一个炎热的夏日，有对夫妇和妻子的父母在一起玩儿牌。这时候，岳父说："我们去艾伯林吃个饭吧。"妻子说："听起来不错啊！"丈夫心里有些不乐意，天太热，为什么要跑那么远去吃饭？可是他怕说出来显得不合群，于是说："我没问题，看妈妈愿意不愿意了。"他的岳母说："我当然愿意了！"

于是，大热天的，大家气喘吁吁地赶了过去，结果到了那个餐厅，发现食物非常难吃。回到家，所有人都累坏了。岳父假装客气地说："还不错啊，是不是？"这时，其他人终于爆发了。岳母说她其实想待在家里，可是看其他三人这么有兴致，不想扫兴。丈夫也说他不想去，是为了让其他人高兴才去的。妻子也说自己并不愿意去。这时候岳父说，他哪里是真想去啊，是怕大家闷，随便提议一下的，没想到大家兴致都那么高，他也只好去了。

就这样，四个人都觉得自己是为了别人放弃了自己的意见，结果却是个个都不开心。

在与他人交往的过程中，我们可否问一下自己：是不是也陷入了艾伯林的悖论中？我们心里可能觉得自己是为着某个群体或是某个人在处处退让，结果对方根本不是你想的那个样子。到最后，你觉得你牺牲了自己的喜好或是意愿，对方却并不感激你。很多关系，就是从这里开始走下坡路的。一个集体，想要保持良好的关系，大家一开始就应该把自己心里的真实想法说出来。

本文改编自《南方都市报》2016年1月19日文章《艾伯林悖论》，作者南桥

> 拓展练习·听力

命运在自己的手里

有一次，我去拜访一位事业上很有成就的朋友，闲聊中谈起了命运。我问："这个世界到底有没有命运？"他说："当然有啊。"我再问："命运究竟是怎么回事？既然命中注定，那奋斗又有什么用？"

他没有直接回答我的问题，而是笑着抓起了我的左手，说不妨先看看我的手，帮我算算命。在给我讲了一番生命线、爱情线、事业线等类似的话之后，他

突然对我说:"把手伸好,照我的样子做一个动作。"他的动作是:举起左手,慢慢地而且越来越紧地握起拳头。然后他问:"握紧了没有?"我有些迷惑地答道:"握紧啦。"他又问:"命运线在哪里?"我机械地回答:"在我的手里呀。"他再追问:"请问,命运在哪里?"我一下子明白过来,命运在自己的手里!

他很平静地继续道:"不管别人怎么跟你说,不管算命先生们如何给你算,记住,命运在自己的手里,而不是在别人的嘴里!这就是命运。当然,你再看看自己的拳头,你会发现你的生命线有一部分还留在外面,没有被握住,它又能给我们什么启示?命运绝大部分掌握在自己手里,但还有一部分掌握在'上天'手里。古往今来,凡是成功的人,'奋斗'的意义就在于用其一生的努力去争取。"

第五课　中国制造

听力 A

来自中国义乌的圣诞礼品

据了解,义乌小商品市场已经成为世界最大的圣诞礼品交易市场,其圣诞礼品已出口到100多个国家和地区,占中国圣诞礼品出口总量的2/3。今年的前9个月,义乌出口圣诞礼品超过5000万美元,比去年增长30%。

一名美国沃尔玛公司的销售员表示,今年圣诞树的价格从18美元到200美元不等,全部从中国进口,其中35美元到40美元的产品已经全部卖完。在其他连锁商店,中国制造的圣诞礼品也大受欢迎。比如,传统热销的"胡桃夹子"圣诞木偶,德国制造的每个售价49.99美元到129.99美元不等,中国制造的每个只要12.99美元,甚至7.99美元,因为价廉物美,很快便被抢购一空。

听力 B

中国太阳能产品远销海外

中国作为世界头号太阳能产品生产大国,绝大多数产品都向德、美、日等国家出口。

法国太阳能技术专家丹尼尔·鲁贝克表示,中国太阳能热水器质量一流。"太阳能产业是一种新能源产业,已经进入了快速发展的阶段。"鲁贝克表示,现在中国政府积极鼓励太阳能等新能源产业，中国的新能源产业发展非常快。

中国企业生产的新能源汽车也在西方国家打开了市场。最新消息，杭州生产的一款四座纯电动汽车，充电一次可以行驶402公里，行驶里程完全可以同传统汽油车媲美。这款汽车计划在今后几年内出口到英国市场，预计售价在16 300英镑到20 500英镑之间，这样高的性价比，可以预见，上市以后一定会大受欢迎。

拓展练习·听力

从"低价低质"到"价廉物美"

"从桌、椅、沙发，到儿子成天不离手的电子游戏机，再到家里人穿的大多数衣服，都是中国产的"，莫斯科市民玛莎随意列举了家里的几样东西，发现都与中国有关。一项调查显示，大约60%的俄罗斯民众会定期购买中国产品。

在俄罗斯经济界人士亚宁看来，俄罗斯消费者对中国制造产品的评价在不断提高，对中国商品的印象正从"低价低质"向"价廉物美"转变。

随着中国经济的发展，中国出口到俄罗斯的商品早已不是以服装和小商品为主。目前，中国对俄罗斯出口的商品60%以上是高新技术产品，除了传统的消费类电子产品以外，中国还向俄罗斯出口成套设备、工程机械等。

第六课　中国人的婚姻观

听力A

晚婚的中国女性

北京市统计局2015年的调查数据显示，女性在北京大龄未婚群体中所占比例上升。调查显示，2015年，北京30岁至44岁的单身人士中女性占45.0%，而2010年仅为40.0%，增幅非常显著。

此外，北京的大龄未婚女性中有92.5%生活在城镇，其中81.1%拥有专科以上学历。然而，北京大部分大龄未婚男性生活在农村，其中超过一半的人受教育程度在初中及以下。虽然城市中的单身女性普遍接受过良好的教育且经济独立，但男性似乎更愿意与年轻且学历低于自己的女性结婚。

单身女性过了30岁，父母或亲朋好友就开始忙着为她们牵线搭桥、安排相亲，一些父母甚至会带着子女的照片到公园里参加相亲大会。

许多的新一代中国人正处在个人发展和组建家庭的十字路口，其中很多人选择先完成学业或出国深造，而不是早早结婚。婚姻观念的转变正是传统习惯与现代观念在当今中国激烈碰撞的一个表现。

本文改编自参考消息网2016年3月1日文章《外媒：婚姻观念转变　越来越多中国女性单身步入30岁》

听力B

帮助他人让你更受欢迎

如果你想在爱情方面获得大丰收，就需要在日常生活中对别人多付出一些。加拿大研究者发现：愿意帮助别人的人更受异性喜爱，相亲的成功率更高。

研究人员采访了约8000名参与者，考察了他们的婚姻关系、受异性的喜欢程度等，同时调查了他们是否具有帮助别人的倾向，包括捐赠、献血、帮助陌生人过马路、帮助同学等。分析结果显示：即使在控制了年龄和性格等影响因素之后，愿意帮助别人的人在约会方面的成功率也更高。尽管帮助别人对于男女两性来说，都是一种理想的人品，但这次研究的结果显示，它对男性约会成功率的影响更为明显。

这一研究结果支持了先前猎人分享食物的说法，即乐于分享自己打猎所得食物的猎人，他的生育成功率会更高。在其他一切条件平等的情况下，男性和女性都更容易被爱帮助别人的人所吸引。

可见，利他主义是一种优秀品质，在帮助别人、考虑别人感受的同时，自己也会获益。

本文改编自《生命时报》2016年8月6日文章《男人热心　相亲易成功》，作者陈雪莹

拓展练习·听力

巴黎的"情人锁"

作为"浪漫之都"，巴黎是无数情侣心中的爱情圣地。受到这一美誉的吸引，许多情侣在巴黎塞纳河的桥上留下了写有自己名字的"情人锁"，并将钥匙扔进

河里，以此祈祷他们的爱情能永远不变。然而，过多的锁让这些桥越来越"吃不消"了。2014年，巴黎的艺术桥曾因锁太重而造成部分护栏坍塌。巴黎市政府在2015年移除了大量的"情人锁"，并号召人们放弃这种纪念方式，并于2017年的5月开始拍卖巴黎一些桥上著名的"情人锁"。

据报道，此前从巴黎艺术桥上拆除的"情人锁"总重达45吨，从总主教桥上拆除的"情人锁"有20吨重。此次拍卖的"情人锁"多达几万把，拍卖所得会捐给慈善组织。

在巴黎，类似规模的"情人锁"拍卖会今后恐怕很难再有了，因为当地政府在拆除它们的同时，把桥上的金属护栏改为玻璃纤维板，情侣们无法再在上面挂锁了。

本文改编自《青年参考》2017年5月10日文章《巴黎将拍卖数万把情人锁》，作者易雨

第七课　健身正当时

听力A

一起跑步吧

好像一夜之间，跑步成了一项很流行的运动，参加各式各样的跑步比赛也成了一件很时尚的事情。

有些人问我："跑步这么简单、枯燥的事情，你怎么会喜欢上的呢？"其实，跑步好就好在简单。生活在当下的你我，人生变得越来越忙碌，属于自己的时间越来越少，即使有些空闲的时间，也都被电脑或手机占据，每天看似忙忙碌碌，实际上集中注意力来做一件事情却变得越来越难。而跑步就只是跑步，让你的头脑变得简单、清楚，让你焦虑的心情变得平静。

当你跑上一阵子就会明白，跑步这项运动，归根结底是一项孤独的运动。你不需要和别人配合，不需要和别人对抗，和你比赛的只有你自己。你要实现的目标，成败都在自己，再生气，再着急，不过是与自己较劲。所以，完成自己设定的目标就是胜利。

而且，跑步不需要多少装备，一双舒适的跑鞋、一身宽松的衣服就够了。你可以把一切参与的人拉到同一个起跑线上，比拼的只是身体的能力和毅力，是真正公平的竞争。

一起跑步吧，趁现在还不晚。

听力 B

逐渐受到欢迎的马拉松比赛

孙小姐是第一个在七大洲完成马拉松的中国女性，她说："在过去3到4年中，跑步成了中国中产阶层的信仰。一旦实现经济独立，你就有精神方面的追求……跑步让中产在空虚的生活中找到了一些有意义的事。"

就在10年前，中国的马拉松组织者还难以找到足够的参赛者。但现在，在大城市须抽签才能参赛。2016年，有10万人申请参加全程或半程上海马拉松比赛，最终只有2.3万人能参加。

如今，跑步成了很多体育爱好者的选择。尼尔森公司的调查显示，70%的受访者表示，与羽毛球这类运动相比，他们更喜欢跑步。80%的人说过去1年中买了运动鞋，30%的人办了健身卡，60%的受访者在手机中下载了健身APP。尼尔森公司的张林恩说："中国的运动热才刚刚兴起。"目前，美国参加马拉松的人数是中国的7至8倍。

可以肯定，中国奔跑一族数量的增速将很快超过总人口增速，马拉松比赛也将日益受到年轻人的关注，这种趋势或许会在未来许多年持续下去。

本文改编自《环球时报》2016年1月6日文章《英媒：跑步已成为中国中产阶层的新信仰 为何这么说？》，作者帕蒂·瓦尔德梅尔，伊文译

拓展练习·听力

不流汗的运动

朋友约我去健身房运动。健身房里有一架结构复杂的机器，朋友为我介绍了机器不同的功能。要练胳膊或腿的肌肉，必须拉动或推动机器不同的部位。

然后，我们围着那部机器练不同的肌肉，练到全身酸痛、不停地喘气，但我全身却没有流一滴汗，因为健身房的冷气实在太强了。我感到很荒唐，停止了

健身。

走出健身房，全身的汗水像是忍了很久，突然都流了出来，这时候我深深地感受到，能在运动时出一身汗，实在是件痛快的事。

想到从前在农村，在农田里劳动就是最好的运动。那时，我们吃得很朴素，所以身上不会有过多的脂肪，我们的生活很简单，所以不会得高血压和心脏病，我们每天流汗，所以不会失眠。

现在呢？我们吃着营养过剩的食物，过着复杂忙碌的生活，只能通过在健身房运动来保持健康，这就好像在河水中插一根竹子就想要挡住河水一样呀！

我们花了很长的岁月才走出劳动的生活，可是很快就发现，许多珍贵的东西也随着劳动的生活流走了。

现在想想，能劳动是很好的，能流汗是很好的，吃简单的食物和过简单的生活，都是很好的呀！

本文改编自《不流汗的运动》，作者林清玄

第八课　奋斗在大城市的年轻人

听力 A

毕业后去哪儿？

毕业了，到底去哪儿？这是摆在今天的中国年轻人面前关于人生的必选题。每个大学生都会面临这样的选择：是留在大城市、出国、跟着恋人走，还是为了父母回到家乡？

在20多年前，大学生们没有这样的烦恼，那时就业实行计划分配，毕业生完全不用为工作发愁。1996年以后，自由择业的时代来临了，东部沿海地区正沐浴在改革开放的春风中，不过学生的择业选择还是具有一定的地域性，倾向于选择离家比较近的大城市。又10多年过去了，2010年以后，大学生们对于大城市仍然充满了热情，但热情之火却聚集在了少数几个地方。据调查，选择北京、上海、广州、深圳四个超大城市的大学生比例居于首位，占到了35.1%。经济活跃，工作机会多，收入水平高，这些都是北上广深这些大城市的优势。

听力 B

"卫星城"里的年轻人

当无数青年进入大城市后,流动人口短时间内高度集中,使得城市人口越来越多。不断上涨的房价,成了影响年轻人进入城市的最大障碍,同时也产生了都市的"漂一族"。所谓的"漂一族",也就是没有固定的房子、没有稳定工作的年轻人。由于市中心地价高,住宅区纷纷向城市郊区扩散,出现了"卫星城"这样的新名词,很多"漂一族"就住到了"卫星城"里。

这些"卫星城"离市区都比较远。据调查,目前城市上班族中,居住地点与工作地点相距10公里以上的占7.6%,在20公里以上的有近3%。特大城市诸如北上广深的上班族,工作地点与居住地点相距10公里以上的达到了11.1%。

住在北京通州的龚浩就是个标准的"卫星城"居民,为了赶在8点半前到单位,他每天6点半起床,放弃早饭,在路上换乘3次地铁,每次换乘都要在排队的长龙里走上10多分钟,然后拼命地挤上车,再努力地挤下车,在完全没有耽搁的情况下冲到公司,这时离上班也只剩5~10分钟了。忙碌的一天结束后再原路返回,遇到加班的情况,龚浩到家已是深夜甚至凌晨,睡眠时间只有五六个小时。因此,这些"卫星城"也被称为"睡城"。

每天往返于"卫星城"和市中心的这些年轻人被称为"BMW族",也就是"公共汽车(BUS)+地铁(METRO)+徒步(WALK)"。这些"BMW族"自己也不知道究竟还要在这样的生活里折腾多久。

拓展练习·听力

海归就业

日前,有调查机构发布了《中国海归就业与创业报告》。报告显示,海外留学人员选择回国就业的主要原因,排在首位的是"情感与文化因素的影响",占43.7%,随后分别是"国内整体经济前景好,政治稳定""国外形势不利于外国学生就业",分别占37.1%和23.4%。此外,国内的社会网络、海归政策、所学专业的就业前景也是海归考虑的主要因素。

根据这份报告,北京、上海、广州、深圳等一线城市和省会是海归聚集地区。海归就业主要集中在民营企业和外资企业，在海归就业的前十大产业中，金融业最多，占14.3%。此外，像贸易、批发、零售业也分别占到了7.0%、6.0%和5.0%。新一代信息技术、文化创意产业等占比较小。

海归对工作满意度偏低，76.5%的海归回国之后有跳槽的经历。在跳槽的频率方面，工作2年之内跳槽的占主流，高达39.5%，工作3～5年跳槽的海归占28.8%。

本文改编自央广网2015年8月26日文章《报告称海归就业多选北上广深　金融业受青睐》，记者王楷

第九课　老龄化社会

听力A

沉重的养老负担

据报道，2016年，在对中、日、韩、美青少年做的一次调查中，有一个问题是"父母年老后你会自己照顾他们吗？"针对这个问题，回答"是"的日本高中生只有38%，美国和韩国都在50%左右，而在中国，这一比例达到了88%。

虽然这项调查是针对子女进行的，但孩子也是父母的镜子，88%这个数字反过来也反映了父母"老了以后应该让儿女照顾"的想法。

不过，可以预想到的是，目前的中国年轻一代未来要面对的现实非常严峻。"4·2·1"是一个体现中国家庭发展模式的倒金字塔结构，也就是由4个老人、2个主要劳动力即夫妻二人和1个孩子构成的家庭。尽管从2016年开始，中国实施了"全面二胎"的生育政策，也就是一对夫妇可以生两个孩子，但持续了30年的独生子女政策，使得"4·2·1"结构的家庭还是很多。调查显示，目前上海80%的家庭都是这种结构。随着平均寿命的延长和"婴儿潮"一代的老龄化，到2015年末，中国60岁以上的人口已经超过2.2亿人，并且正以每年1000万人的速度增长。

目前，没有满75岁、身体还算健康的"前期老龄人口"占老龄人口总量的70%，但是15年后，其中多数将成为"后期老龄人口"，需要被照顾的人数将大

量增加。中国未来一代将承受较为沉重的养老负担。

听力 B

中国将逐步推迟退休年龄

中国是一个正在急剧老龄化的国家。中国现在60岁以上人口为2.1亿，占总人口的比重达15.5%。根据预测，2020年，中国60岁以上人口将达到19.3%，2050年将达到38.6%，这会给中国的养老和医疗带来巨大的影响。

据相关部门介绍，中国目前的退休政策是20世纪50年代初期制定的，当时人口的预期寿命不到50岁。60多年过去了，国情发生了巨大变化，人口的预期寿命已达70多岁，而退休政策没变，参加企业职工养老保险的退休人员有8000多万人，平均退休年龄不到55岁，这显然是不合理的。

目前，世界上所有国家的退休年龄，除了非洲的一些国家之外，大多数都在65岁或67岁左右，而且都是逐渐推迟的。中国现在是世界上退休年龄最早的国家之一，因此要考虑多方面因素，制定逐渐推迟退休年龄的改革政策，可以制定一个小步慢走的方案，每年推迟几个月。

有关部门表示，方案经过中央批准以后，将向社会公开，若干年以后再开始实施，将退休年龄逐步推迟到合理的状态。

本文改编自《京华时报》2015年10月15日文章《我国平均退休年龄不到55岁 人社部将公开改革方案 逐步推迟到合理退休年龄》，记者赵鹏

拓展练习·听力

美国的居家养老

近年来，居家养老受到美国老人的欢迎，已经成为一种成功的养老模式。所谓"居家养老"，就是老人住在家中，由社会来提供养老服务的一种养老方式。它和家庭养老的区别在于，提供居家养老服务的是社会化养老服务体系，而提供家庭养老服务的是家庭成员。

跟在养老院养老相比，居家养老的优势在于老年人不用脱离原来的居住环境和社会关系，子女在有空儿的时候也可以照顾老人，老人的情感需求能够得到充分满足。居家养老服务针对不同类型老人的需求可以分为以下几种：第一种是面

向年龄在70至80岁之间、生活上能够自己照顾自己的老人，为其提供生活自理型服务；第二种是面向80岁以上、没有重大疾病、生活需要照顾的老人，社区提供餐饮、娱乐、打扫卫生、定期体检等基础性服务；第三种是面向有长期慢性疾病的老人，居家养老能为其提供特殊护理服务。

美国的这种养老模式，对我们有相当的借鉴意义。

本文改编自新华网2017年6月21日文章《综述：美国"居家养老"让老人体面地老去》，记者杨士龙

第十课 城镇化、城市化、国际化

听力A

新一代农民工

随着经济的飞速发展，中国的城镇化也在快速进行。目前，估计有超过2亿农民工在大城市工作，但大多数是暂时性的。他们的计划是在那里努力工作一二十年，然后回家乡养老。但是他们的孩子想法不一样。这些孩子要么出生在他们父母打工的城市，要么年龄很小的时候便跟着父母来到城市。因此，他们对家乡了解很少，对其中很多人来说，城市就是他们的家，他们比父母更希望在城里永久定居。

然而，即使他们出生在城市，他们也和父母一样是农村户口。这意味着，这些孩子长大后会发现很难在城市发展。他们当中很多人都没有一技之长，因此也没有与土生土长的城里人公平竞争的条件。很多人别无选择，只能做着与他们的父母相同的工作，因此可能永远无法获得将户口转到城市的机会。

长期以来，户籍制度一直影响着中国的城镇化进程，中国政府已经意识到将农民工更好地融入城市的必要性，并已经开始制订计划，逐步解决农民工的城市户籍问题。

本文改编自《环球时报》2016年6月30日文章《日媒："新城市移民"——二代农民工扎根城市有利稳定》，作者彼得·法拉尔，传文译

听力 B

回到小城市

对于中国的消费活力上升有很多种解释，比如人均收入上升、中产阶层扩大，但其背后的动力是城市化的发展。但中国的城市化并不是单方向的，一些人跑到京沪等一线大城市奋斗，往往发现在那里生活并不容易，于是又回到原来较小的城市寻找机会。小城市工资水平较低，但生活成本也低，所以最终来说，收入是保持不变或有所提高的。

就拿24岁的小林来说吧，他是四川省绵阳人，那是一个人口450万的小城市。小林的父母为了更好的教育、医疗条件和收入来到上海。但小林随父母到上海后，发现工作很辛苦，在文化上，他与当地人也不太合得来。

于是他回到绵阳，在一家网上零售公司找了份工作。如今，他的收入比在上海时少了25%，但房子租金低，而且省下了交通费。所以，尽管小林的收入减少了，但手头的钱反而增加了，生活质量也提高了。

近年来，中国的中小城市发展迅速，那里如今有现代化的交通设施、便捷的互联网以及比较便宜的房子。小林说自己回到绵阳后，觉得生活上舒适多了。

像小林这样从大城市回流到中小城市的人，在中国有千百万。

本文改编自《环球时报》2015年12月5日文章《美媒：中国城市化是条双向道 千百万人回流三四线城市》，作者塔索斯·斯塔索普洛斯，陈俊安译

拓展练习·听力

中国城市化的惊人发展

据统计，中国目前有102个人口超百万的城市，而今后10年这一数字可能将翻倍，这也体现了中国城市化的惊人规模。世界银行估计，到2030年，中国将有10亿人——占全国人口的70%——生活在城镇。

在中国近代历史上，这种向城市的转变前所未有。现在，政府正在研究各种改革措施，以便为农民提供城镇户口和更好的福利。此外，据说中国政府还计划打造超级城市群：把北京与邻近的天津市和河北省连在一起，建成的超级城市群将有1亿多人口，面积是韩国的2倍。

不过，有专家对计算城市人口的方法提出了疑问。因为中国的城市往往管着城区和周边相当大的农村地区，专家认为那些住在郊外农村的人们，不应该也算作城市人口。

本文改编自《环球时报》2017年3月21日文章《英媒：中国城市化的规模惊人 有102个人口超百万城市》，作者本杰明·哈斯，向阳译